MADRID - MÉXICO - BUENOS AIRES - SANTIAGO

ROSALÍA DE CASTRO

ANTOLOGÍA POÉTICA

(EDICIÓN BILINGÜE)

Edición y traducción de MERCEDES CASTRO

BIBLIOTECA EDAF
282

© 2004. Edición y traducción: Mercedes Castro
© 2022. De esta edición, Editorial EDAF, S. A. Jorge Juan, 68. 28009 Madrid Diseño de cubierta: Gerardo Domínguez

> Editorial EDAF, S. L.
> Jorge Juan, 68. 28009 Madrid
> http://www.edaf.net
> edaf@edaf.net
>
> Ediciones Algaba, S.A. de C.V.
> Calle 21, Poniente 3323, Colonia Belisario Domínguez
> Puebla 72180, México
> jaime.breton@edaf.com.mx
>
> Edaf del Plata, S. A.
> Chile, 2222
> 1227 - Buenos Aires, Argentina
> edaf4@speedy.com.ar
>
> Edaf Chile, S.A.
> Avda. Charles Aranguiz Sandoval, 0367, Ex. Circunvalación
> Puente Alto, Santiago - Chile
> edafchile@edaf.net

8.ª edición, abril 2022

Queda prohibida, salvo excepción prevista en la ley, cualquier forma de reproducción, distribución, comunicación pública y transformación de esta obra sin contar con la autorización de los titulares de propiedad intelectual. La infracción de los derechos mencionados puede ser constitutiva de delito contra la propiedad intelectual (art. 270 y siguientes del Código Penal). El Centro Español de Derechos Reprográficos (CEDRO) vela por el respeto de los citados derechos.

ISBN: 978-84-414-1507-2
Depósito legal: M-43387-2008

PRINTED IN SPAIN   IMPRESO EN ESPAÑA
                        Imprime: Cofas

Índice

♥

Págs.

Introducción, por Mercedes Castro 13
    Razones personales de una antología 13

Notas biográficas sobre Rosalía y su tiempo . 17
    1. Su origen y la formación de su carácter: las sombras 17
    2. Juventud y adolescencia de Rosalía. Su matrimonio con Manuel Murguía 28
    3. Los hijos y la muerte 38

Obra poética y en prosa 41

Sobre la presente edición 53

Cronología 57

Bibliografía 67

ANTOLOGÍA POÉTICA

De *La flor* (publicación en 1857) 75
El otoño de la vida 77

Págs.

De *A mi madre* (1863) 85
De gemidos quejumbrosos 87
Muchos lloran y lloran y se quejan 88

De *Cantares gallegos* (1863). ED. BILINGÜE 89
Has de cantar 91
Nasín cando as prantas nasen, ... 105
Un repoludo gaiteiro, ... 107
Campanas de Bastabales, ... 113
San Antonio bendito, ... 121
Adiós, ríos; adiós fontes; 127
Airiños, airiños aires, ... 131
Nonche digo nada... 139
Mais ó que ben quixo un día, ... 155
Castellanos de Castilla, ... 161
—Vente, rapasa 171
Si a vernos, Marica, nantronte viñeras 183

De *Follas novas* (1880). ED. BILINGÜE 187
I. Vaguedás 189
   Daquelas que cantan as pombas i as frores, ... 189
   Ben sei que non hai nada 189
   Tal como as nubes 189
   Diredes destes versos, i é verdade, ... 191
   ¡Follas novas!, risa dáme 193
   ¿Qué pasa ó redor de min? 193
   Algúns din: ¡miña terra! 195

Págs.

Paz, paz deseada, ... 195
Unha vez tiven un cravo 197
Hoxe ou mañán: ¿quén pode decir cándo?, ... 199
Xa nin rencor nin desprezo 199
A un batido, outro batido; 201
Cando era tempo de inverno, ... 201
Co seu xordo e constante mormorío 203
Ando buscando meles e frescura 203
II. ¡Do íntimo! 205
   ¡Adiós! 205
   Ti onte, mañán eu 207
   Amores cativos 207
   De balde... 209
   Ladraban contra min, que camiñaba 209
   Cando penso que te fuches, ... 211
   A xusticia pola man 213
   Maio longo..., maio longo, ... 215
   ¡Qué prácidamente brilan 217
   ¡Soia! 219
III. Varia 221
   Vamos bebendo 221
   Sin niño 223
   Para uns, negro 223
   ¿Qué ten? 229
   Chirrar dos carros da Ponte, ... 229
   Agora cabelos negros, ... 231
   Fas uns versos..., ¡ai, qué versos! 231
IV. Da terra 233
   En cornes 233

Págs.

V. As viudas dos vivos e as viudas dos mortos .. 235
    ¡Pra a Habana! 235
    Tecín soia a miña tea, ... 239
    Foi a Páscoa enxoita, ... 241
    Non coidarei xa os rosales 243
    ¡Quérome ire, quérome ire! 243
    ¿Por qué? 243
    De soidás morríase 245
    Tan sóio 247

De *En las orillas del Sar* (1884) 249

Candente está la atmósfera 251
—Detente un punto, pensamiento inquieto; 252
Del rumor cadencioso de la onda 253
Los tristes 253
Alma que vas huyendo de ti misma, ... 255
Del antiguo camino a lo largo, ... 255
Ya duermen en su tumba las pasiones 256
Creyó que era eterno tu reino en el alma, ... 257
Ya siente que te extingues en su seno, ... 257
Unos con la calumnia le mancharon, ... 258
En su cárcel de espinos y rosas 259
Era la última noche, ... 260
¡Volved! 262
—Te amo...: ¿por qué me odias? 263
Muda la luna y como siempre pálida 263
Una sombra tristísima, indefinible y vaga 264
La canción que oyó en sueños el viejo 264

Págs.

Su ciega y loca fantasía corrió arrastrada por el vértigo	265
En el alma llevaba un pensamiento,	266
Cuando en las nubes hay tormenta	266
Desbórdanse los ríos si engrosan su corriente	267
Busca y anhela el sosiego...,	267
Cuando sopla el Norte duro	267
De la vida entre el múltiple conjunto de los seres,	268
De polvo y fango nacidos,	269
Todas las campanas con eco pausado	270
Siente unas lástimas,	270
En los ecos del órgano o en el rumor del viento	271
Dicen que no hablan las plantas, ni las fuentes, ni los pájaros,	271
Del mar azuel las transparentes olas	272
Los que a través de sus lágrimas,	273
Mientras el hielo las cubre	274
Son los corazones de algunas criaturas	275
Vosotros que del cielo que forjasteis	275
«Los muertos van deprisa»,	275
Las campanas	276
Ansia que ardiente crece,	277
Glorias hay que deslumbran, cual deslumbra	278
No va solo el que llora,	278
Cayendo van los bravos combatientes	278
Hora tras hora, día tras día,	279

Introducción

♥

Razones personales de una antología

Es muy posible que uno de los mayores retos a que pueda enfrentarse una mujer gallega y declarada amante de la poesía sea, precisamente, la selección y elaboración de una antología de la obra poética de Rosalía de Castro. Y es que, a estas alturas del siglo XXI y más de ciento cincuenta años después de su nacimiento, es indudable que su voz sigue más viva que nunca y su figura, que ya en su tiempo fue venerada por un pueblo que sentía que se le hablaba en su propio lenguaje, ha trascendido el ámbito puramente literario para convertirse en un mito, en un trasunto de máter amantísima y protectora de los sufrientes, los desperdigados por el mundo, los que reivindican una patria o una lengua nunca suficientemente rehabilitadas. Una madre que clama, acoge, consuela y, sobre todo, comprende y expresa como nadie ese sentir tan complejo, tan dual y tan arraigado como es la saudade, la morriña, la negra sombra gallega.

Porque, y esto es lo verdaderamente relevante, más allá de su figura totémica y casi deificada, la voz de Rosalía sigue presente en la conciencia común de una colectividad que repite sus versos cuando, en muchos casos, nunca los han leído. Autora de solo tres poemarios extensos (muchas de sus composiciones aparecieron sueltas y desperdigadas en numerosas revistas y periódicos de la época), no más de cuatro novelas y algunos cuentos, los versos de Rosalía continúan siendo, a pesar del paso del tiempo, considerados como la más viva expresión del sentir de un pueblo que la ha erigido como la portavoz de toda una comunidad.

Frente a la progresiva pérdida de relevancia de los autores románticos como Bécquer o Espronceda, aun cuando el primero era considerado no hace mucho como el no va más de los «poetas cuyos versos utilizaría usted en una carta de amor» y tenidos ahora por cursis y caducos, las nuevas generaciones de lectores, intérpretes y amadores, siguen manteniendo a Rosalía en su particular *ranking* de la popularidad poética, pese a que desde siempre la crítica la ha considerado una romántica tardía.

Y es que Rosalía, al día de hoy, mantiene su vigencia como una de las figuras poéticas españolas más cantada, lo cual da buena muestra de su pervivencia en nuestra sociedad no como figura literaria, sino como símbolo popular. Desde las estupendas versiones que una de las orquestas gallegas más conocidas y señeras, Los Tamara, con el mítico Pucho Boedo a la cabeza, interpretaban con inusitado brío y unos apasionados y sentidos coros setenteros en su álbum *Los Tamara cantan a Rosalía* («El loco soñador»: ... *hay canas en mi cabeza / hay en los prados escarcha;* «Dilema»: *Te amo, por qué me odias / Me odias, por qué te amo;* y, por supuesto, la indispensable y por todos conocida «Negra sombra») pasando por cantautores como Amancio Prada con su «Adiós ríos, adiós fontes», gaiteiros de nuevo cuño como Carlos Núñez o cantantes de *rock* como Luz Casal, con una desgarrada —pero nunca mejor que la de Pucho— nueva versión de «Negra sombra», hasta, incluso, un grupo tan iconoclasta como Os Resentidos, con el poeta Antón Reixa como ideólogo y cabecilla destacado, recitando a ritmo de *rap Castellanos de Castilla / tratade ben ós galegos...*

Y bien, ¿qué tiene Rosalía? ¿Qué la hace tan auténtica, tan certera? ¿Cuál es su secreto para que sigamos emocionándonos con sus versos y llorando a mares si la escuchamos lejos de *a terriña*? Tal vez sea su rabiosa actualidad, porque en su obra hay referencias a la injusticia de clase, a la desigualdad, a la tiranía de la belleza, a una doble moral que juzga distinto a hombres y mujeres, a una emigración que continúa diezmando a los menos favorecidos. O tal vez se deba a una sensibilidad exacerbada y a la extraordinaria capacidad para conectar con el lector a través de un lenguaje tan sencillo como musical y directo.

Lo único que puedo decir es que, después de leer a Rosalía en mi infancia y recitarla en las fiestas familiares subida a una mesa sin alcanzar realmente a comprenderla, y después de estudiarla en la adolescencia como algo obligado aunque sentido, encuentro ahora a una Rosalía nueva y no percibida antes, encuentro rastros feministas, reivindicativos, profundamente modernos y actuales, de una sencillez descarnada, de una valentía casi suicida y de una musicalidad sin duda precursora para su época. Nunca me cansaré de releer a Rosalía ni de hallar en ella matices inéditos que cambian conmigo, que se acomodan y me revelan nuevos sentimientos conforme a mis nuevas edades. Solo espero que los lectores disfruten tanto con su obra como yo he disfrutado recopilándola.

Notas biográficas sobre Rosalía y su tiempo

♥

1. Su origen y la formación de su carácter: las sombras

Rosalía nació el 24 de febrero de 1837, a las cuatro de la madrugada[1], en una casa de Santiago de Compostela hoy desaparecida situada muy cerca del llamado Camiño Novo, uno de los accesos a la ciudad. A las pocas horas de nacer la niña fue bautizada. En su partida de bautismo —un documento que no se hallaría hasta muy avanzado el siglo XX[2]— consta que la recién naci-

---

[1] Según algunos de biógrafos, entre ellos Ricardo Carballo Calero.

[2] Es preciso señalar aquí que durante muchos años los datos sobre el nacimiento y origen de Rosalía fueron equívocos o, sencillamente, inencontrables. Ello se debe, en gran medida, a los intentos de sus familiares por ocultar su procedencia ilegítima. Hay que tener en cuenta que en el momento de su muerte Rosalía era una autora venerada en Galicia casi como una santa, una compasiva «madre del pueblo». Se cree que, para mitificar más si cabe esta imagen de beatitud, Manuel Murguía, su esposo, ocultó e incluso destruyó numerosos documentos relativos a los orígenes y avatares de la vida de Rosalía, como escritos autobiográficos en los que mostraba un carácter combativo o contestatario, alejado de la imagen que de ella se quería dar.

da se llama María Rosalía Rita, que es «hija de padres incógnitos» y que quien la ha llevado a cristianar es María Francisca Martínez, la que sería por tanto madrina de la niña. En realidad esta mujer no es más que una criada de confianza de la madre biológica de Rosalía: doña María Teresa de la Cruz de Castro y Abadía, hija de don José de Castro Salgado, un hidalgo venido a menos propietario del pazo de Arretén. En uno de sus poemas de *Cantares gallegos* más conocidos, Rosalía recordaría con delicada sensibilidad tanto a su abuelo, generoso y noble, como a su casa, semiderruida, abandonada, venido a menos su señorío, para siempre perdidos los buenos tiempos:

E tamén vexo, enloitada
de Arretén a casa nobre, (...)

Casa grande lle chamaban
noutro tempo venturoso,
cando os probes a improraban
e fartiños se quentaban
ó seu lume cariñoso.

Casa grande, cando un santo,
venerable cabaleiro,
con tranquilo, nobre encanto,
baixo os priegues do seu manto
cobexaba ó pordioseiro.

[Y también veo, enlutada
de Arretén la casa noble, (...)

Casa grande la llamaban
en otro tiempo venturoso,
cuando los pobres la imploraban
y bien colmados se calentaban
junto a su hogar cariñoso.

Casa grande, cuando un santo,
venerable caballero,
con tranquilo, noble encanto,
bajo los pliegues de su manto
cobijaba al pordiosero.]

Doña Teresa de Castro contaba treinta y tres años en el momento del nacimiento de Rosalía. Parece ser que en un primer momento, nada más producirse el parto, se desentendió de su hija por un tiempo y tuvieron que ocuparse de la recién nacida, por encargo del padre, sus tías paternas. Aunque la sociedad gallega siempre ha sido, tradicionalmente, permisiva con los hijos naturales, es preciso destacar que, pese a todo, en aquellos tiempos no era nada fácil ser madre soltera, y menos si se pertenecía a una familia de raigambre y el padre de la criatura era, como después se descubriría, un cura.

Efectivamente, estudios relativamente recientes han desvelado, con la certeza de los datos probados[3], que el

---

[3] «Memoria final descriptiva de la investigación realizada», por Fermín Bouza Brey para la Fundación Barrié de la Maza en 1971, inédita, y *Rosalía de Castro en el llanto de su estirpe*, de José Caamaño Bournacell, 1968.

hombre que engendró a Rosalía fue José Martínez Viojo, que contaba 39 años en el momento del nacimiento de Rosalía y ejercía desde 1829 como clérigo de menores en la Colegiata de Iria, labor que se prolongaría hasta 1839 para pasar posteriormente a ser, durante cuarenta años, capellán de la misma.

Una vez bautizada, María Francisca Martínez, la fiel criada de la madre, la llevó a Lestedo, según parece por orden del padre, donde sus dos tías paternas —Josefa y Teresa— se hicieron cargo de Rosalía y donde transcurriría su primera infancia. Posteriormente, Teresa de Castro mandaría a recoger a su hija y se tiene constancia de que, a la edad de ocho años, esta ya vivía con su madre en Padrón, si bien es muy probable que el reencuentro entre ambas se hubiera producido con bastante anterioridad.

Ya desde sus primeros poemas se advierte en las composiciones de Rosalía un gran amor por su madre, una fortísima unión entre ambas y una fervorosa admiración por su valentía y por el hecho de que no hubiera renunciado a ella, de que la hubiera querido y aceptado pese a tener que enfrentarse por ello a buena parte de su sociedad. Ahora bien, ¿qué hay de la relación de Rosalía con su padre? Dada la proximidad geográfica con la parroquia de Iria, resulta más que probable que se conocieran o, al menos, tuvieran noticias uno del otro. Según se desprende del relato de los primeros años de la niña, parece incluso que se preocupó más por ella y por su bienestar el padre, al enviar el bebé a sus hermanas para que se hicieran cargo de él, que la madre, que se limitó a confiar su criatura a una criada de confianza para que la llevara a bautizar. Sin embargo, en los poquísimos documentos y cartas que nos han quedado de Rosalía, así como en los testimonios o en las notas biográficas que sobre ella escribieron sus amigos y familia más allegada, nada se menciona de esta relación, e incluso se niega la condición de sacerdote de José Martínez, llegando a afirmarse que, en el momento de la concepción de la niña, este era solo «seminarista».

Sin duda, tras este velo de secretismo subyace la firme intención de ofrecer, una vez fallecida la autora y encumbrada por el pueblo como una especie de «madre de la patria gallega», una imagen lo más blanca y pura posible de ella. De ahí la destrucción de sus cartas, muchos de sus papeles personales y escritos e, incluso, documentos relativos a su origen y trayectoria vital.

Ahora bien, el tiempo y el interés de los muchos estudiosos de la figura de Rosalía ha vencido esta «campaña de imagen» orquestada en torno a una mujer que, de haber vivido, seguramente no lo hubiera permitido dado su carácter firme, sincero y osado, a veces incluso hasta la inconveniencia, y la ya citada memoria de Fermín Bouza Brey rescata y presenta muchas cartas que la familia paterna de Rosalía conservó y que demuestran que no solo hubo relación entre esta y su padre, sino entre la propia Rosalía y sus hijas con sus tíos y primos paternos.

Tal vez parezca nimio todo este asunto de la paternidad de Rosalía o de su relación con su madre, porque, a fin de cuentas, lo que nos interesa es la autora y su obra. Sin embargo, se trata de una cuestión importante para entender su poesía y su concepción del mundo y la sociedad y su postura frente a ambos. No en vano, uno de los primeros conjuntos de poemas de la autora se llama *A mi madre* y consiste en una conmovedora (pero no muy lograda) elegía a su figura y, con respecto a su padre, durante muchos años algunos críticos sostuvieron que muchos de los «misterios» y traumas que manifiesta la poesía rosaliana tienen origen en la ausencia de una figura paterna y en el estigma de ser hija ilegítima.

Mi opinión al respecto, sin embargo, es mucho más cercana a la expuesta en sus estudios críticos y ediciones por Marina Mayoral, a mi entender la autora que mejor y más razonablemente ha analizado y comprendido a Rosalía y su obra. Creo que las numerosas interpretaciones que explican muchos de los símbolos e imágenes que pueblan su poesía —las sombras, más concretamente la «negra sombra», las voces que la llaman, el vacío del alma, los recuerdos como tinieblas a veces acogedoras, a veces consoladoras, la angustia, la muerte como un alivio a la pena del espíritu, la sensación de ser extraña, diferente a los que la rodean...— como una consecuencia de su situación familiar, de lo oscuro y vergonzoso de su origen, no llegan a trascender el auténtico carácter y espíritu de la poeta. Es demasiado simple, demasiado obvio concluir que la negra sombra que asombra a Rosalía es simplemente el espectro de un padre perdido o el peso de un origen marcado por el deshonor. Y es que Rosalía no es Hamlet.

Es cierto que, posiblemente por el conocimiento directo de la triste experiencia de su madre, abocada a la soledad tras un «traspiés» amoroso que la puso en el punto de mira de las habladurías, para Rosalía casi siempre el amor es culpable o prohibido y acarrea más deshonra y pesares que alegrías. Tanto sus novelas como sus poemas se saldan con un balance abrumadoramente más negativo que positivo en cuanto a finales felices en los enamoramientos.

Es cierto que es constante en Rosalía la presencia de sombras que vagan por parajes familiares y que, equívocamente, parecen ser sus amigos, antepasados o parientes, que se acercan a ella para traerle recuerdos de un pasado casi siempre más feliz que el presente, pues es el suyo habitualmente un presente marcado por el descontento y el dolor.

Es cierto también que con relativa frecuencia Rosalía hace protagonistas de versos y poemas a mujeres solas, a veces desengañadas, a veces humilladas, a veces abandonadas o viudas (tanto «de vivos» como «de muertos»), generalmente desgraciadas a causa de los hombres, que han jugado con su ilusión, su orgullo o su honor, que las han traicionado, que marchan a tierras extranjeras en busca de un futuro mientras ellas deben mantener vivo el hogar y los recuerdos o que, simplemente, no han sabido estar a la altura de su amor.

Y es cierto, finalmente, que en varias ocasiones en sus poemas cita expresamente el rechazo de la sociedad, su indefensión frente a las lenguas que murmuran y critican, como en este poema perteneciente a *Follas novas*:

> Ladraban contra min, que camiñaba
> cásique sin alento,
> sin poder co meu fondo pensamento
> i a pezoña mortal que en min levaba.

I a xente que topaba,
ollándome a mantenta,
do meu dor sin igual i a miña afrenta,
traidora se mofaba.

[Ladraban contra mí, que caminaba
casi sin aliento,
sin poder con mi hondo pensamiento
y la ponzoña mortal que en mí llevaba.
Y la gente que encontraba,
mirándome con insolencia,
de mi dolor sin igual y de mi afrenta,
traidora se mofaba.]

Pero no es menos cierto también que a menudo en su poesía los mismos símbolos y metáforas son utilizados para expresar sentimientos y emociones diferentes, por lo que las sombras representan a veces espectros —amigos en ocasiones, crueles y lastimeros en otras—, a veces recuerdos —felices en algunos casos, dolorosos y amargos en numerosas ocasiones—, a veces, incluso, remordimientos o angustias que asolan a la escritora; ni lo es que, pese a que todas sus heroínas novelescas estén abocadas al desengaño como desgraciado final a su abandono a las pasiones amorosas, sean sus experiencias reflejo de los avatares sentimentales de la autora.

Es normal que la vida marque la obra de un autor y es lógico que, por ello, sea coherente pensar que la visión que Rosalía muestra del amor en sus textos proceda directamente de su particular visión sobre él, una visión marcada desde su más tierna infancia por la propia experiencia vivida, en este caso, a través de su madre, pero no debemos cometer el frecuente error de considerar que todos los textos de Rosalía son autobiográficos por más que la poesía —mucho más cercana generalmente a las vivencias íntimas y a los sentimientos que la prosa— se preste especialmente a ello. Por ejemplo, en su vida matrimonial, y gracias al testimonio de las cartas que a menudo se intercambiaba el matrimonio durante las largas ausencias laborales de Murguía, tenemos constancia de una Rosalía no sumisa ni doliente ni resignada, a diferencia de las protagonistas de sus poemas. Se advierte, por el contrario, un genio vivo y a veces hasta algo injusto, una impaciencia que no se molesta en acallar. Discretas exigencias, algunas demandas de atención, pequeñas rebeliones domésticas incluso que nos dan a entender que su relación no fue ciertamente idílica, pero que en ella, lejos de las amantes abandonadas o lastimadas dispuestas a soportar su dolor lamiéndose en silencio las heridas causadas por el amante, Rosalía ni se calló ni se conformó.

Con respecto a su relación con su padre, sabemos que la poeta mantuvo una cordial relación con él y, también, ya fallecido este, que conservó esta amistad y cariño con su familia paterna, pues en estos términos amables y respetuosos se dirige siempre a sus tíos y primos, con los que se veía, al parecer, tanto ella como sus hijas, con relativa frecuencia. ¿Dónde está, pues, esa negra sombra siempre ausente, siempre atormentada, siempre dispuesta a mortificar a la autora? Está bastante claro que si bien Rosalía creció sin padre, no era la suya una relación tan difícil y traumática como para originar por sí sola su recuerdo un perjuicio tan triste y negativo como el que se trasluce en el poema citado. No es nada fácil interpretar la vida de un autor en las pocas líneas de sus textos, ni es esta autora, precisamente, tan monocromática como se presume.

Otro ejemplo: fue feliz con su madre y con sus abuelos maternos, recuerda su infancia en numerosos poemas y versos con cariño, con añoranza de aquellos tiempos que consideró felices. ¿Dónde está esa Rosalía marcada por la desgracia nada más nacer, vejada y humillada por la sociedad, rechazada y, por ello, solitaria?

Finalmente, también debemos aludir a sus textos —artículos y poemas, fundamentalmente— que reflejan su postura clara y contundente de denuncia: denuncia de la desigualdad de la mujer; de las profundas diferencias entre las clases sociales; de las enormes injusticias del poder, la sociedad e incluso la religión para con los desfavorecidos; de la emigración y el maltrato a los gallegos en Castilla... En estos temas Rosalía muestra una inusual firmeza y una fortaleza en su postura que a veces llega a parecer radical (solo el título de algunos de sus poemas ya nos lo demuestra: «La justicia por la mano», «¿Por qué?»). Rosalía, como todo autor, fue en todo momento una mujer atenta a su tiempo. Es cierto que muchas de sus composiciones muestran un tono y una expresión inequívocamente íntimos, pero no quiere decir eso que la autora viviera encerrada en sí misma o ajena a las circunstancias políticas y sociales que la rodeaban. Como se comenta en la Cronología que acompaña a este prólogo, en 1853 Galicia sufrió una época de hambrunas particularmente duras que se cebó en las clases menos favorecidas. Rosalía contaba por aquel entonces dieciséis años y, ya a tan joven edad, supo reflejar su compasión y horror en algunos versos juveniles, lo que demuestra una vez más que mucho del resentimiento que muestra en sus poemas no se refiere solo a su experiencia personal, como tampoco los desengaños amorosos han sido vividos necesariamente en carne propia ni las vejaciones o el desamparo frente a la autoridad.

Por todo esto, y pese a que muchos poemas sí son autobiográficos, y pese a que es innegable que tanto Rosalía como su madre, debido a su condición de «hija de cura» y madre soltera, respectivamente, fueron objeto de habladurías y murmuraciones, es necesario afirmar aquí una vez más y con toda rotundidad que no es Rosalía la mujer acomplejada, resentida o maltratada por el pasado que a menudo se ha querido ver en sus versos. Fue una mujer fuerte, incluso rebelde, sin temor a denunciar las situaciones que cree injustas, sin temor a mostrar su opinión —a veces muy polémica— en sus versos. Combativa, feminista, iracunda incluso, es el suyo un carácter poliédrico y complejo, pero totalmente coherente en todo momento a lo largo de su obra, con espacio para la ironía y el humor, para el sentimiento y una exacerbada sensibilidad, para una morriña y una saudade que nos parecen a veces incluso autodestructivas, pero que no por ello hacen de ella una víctima. Muy al contrario, se trata de una luchadora sin igual que a lo largo de su vida supo demostrar su fortaleza frente a la muerte, la enfermedad e, incluso, las precariedades económicas, y que nos dejó también textos plagados de íntima alegría y, asimismo, descripciones vivas y locuaces de júbilo popular.

La principal finalidad de la presente antología es mostrar, en la pequeña medida en que una selección de textos siempre parcial y subjetiva lo permita, todos y cada uno de los aspectos de una Rosalía polifacética y sorprendente que, pese a todo, seguirá siendo misteriosa, que nunca, a pesar de los estudios y las interpretaciones, llegaremos a conocer del todo.

2. Juventud y adolescencia de Rosalía. Su matrimonio con Manuel Murguía

Dejamos a la Rosalía niña viviendo en Padrón, en la calle del Sol, con su madre, Teresa, y retomamos el destino de ambas en 1850, fecha en la que se han trasladado a Santiago y a partir de la cual nos constan huellas de su presencia que nos desvelan pequeños detalles como que vivieron en la calle de Bautizados.

En 1850 Rosalía tiene trece años, ¿cómo ha sido su educación hasta la fecha? ¿Con qué conocimientos y virtudes llega a Santiago para introducirse, ya desde bien pronto, en la vida cultural de la ciudad?

Parece ser que fue la suya la educación propia y habitual en cualquier niña de su clase y de su tiempo. En todo caso, nada concreto sabemos en particular acerca de la misma más que lo que se trasluce en los autógrafos de sus obras, plagados de abundantes faltas de ortografía, y lo que nos ha llegado a través de algunos testimonios que, posiblemente, cuando ya era la autora una figura consagrada en la poesía, nos traen reminiscencias de una chiquilla que destacaba especialmente en la versificación, en el dibujo y en la música.

Lo cierto es que estas informaciones resultan, hasta cierto punto, obvias: claro que pudo haber destacado Rosalía en la versificación, no en vano se convertiría en poeta y, por otra parte, era muy propio de la educación de la época instruir a las niñas en habilidades que se consideraban «más propias de la condición femenina», como la música o el dibujo. De su gusto por lo primero queda constancia en sus versos, pues no solo es que estén marcados por una evidente musicalidad y revelen un acusado sentido del ritmo, sino que en muchos de sus poemas la autora imita los ritmos de cantares y composiciones populares, como la muñeira, o incluye, para acentuar esta musicalidad, onomatopeyas o aliteraciones que remarcan esta tendencia a cuidar especialmente su sonido y su ritmo. Y en cuanto a sus habilidades pictóricas, se sabe de algunos dibujos realizados por ella, como un retrato a lápiz de su marido, Manuel Murguía, que, según uno de sus biógrafos, Augusto González Besada[4], resultaba «admirable de ejecución y parecido».

En todo caso, lo que sí conocemos es la vida e instrucción que Rosalía siguió a partir de su llegada a Santiago de Compostela: sabemos que su cultura, fuera la que fuera, era la suficiente como para permitirle alternar con los demás miembros del Liceo de la Juventud[5] y participar en sus muchas actividades y que, posiblemente, cursó también algunos estudios en la Sociedad Económica de Amigos del País.

El Liceo de la Juventud constituyó un brillante agitador de la vida cultural compostelana, hasta entonces marcadamente provinciana y bastante cerrada en sí misma.

---

[4] *Rosalía de Castro. Notas biográficas*, Augusto González Besada, Biblioteca Hispania, Madrid, 1916.

[5] Fundado en 1847, el Liceo de San Agustín, más conocido como «Liceo de la Juventud».

Los miembros del Liceo, entre los que se encontraban en torno a 1850 muchos de los que más tarde serían conocidos escritores participantes del Rexurdimento[6] gallego, como Aurelio Aguirre, Eduardo Pondal —por aquel entonces estudiantes ambos en Santiago de Derecho y Medicina, respectivamente—, Luis Rodríguez Seoane o Alfredo Vicenti, organizaban exposiciones de pintura, conciertos, bailes, recitales líricos y representaciones teatrales dramáticas o cómicas. Precisamente en una de estas representaciones destacó Rosalía como actriz: en 1854 interpretó el papel protagonista en el drama *Rosmunda*, de Gil y Zárate. Parece ser que su actuación cosechó gran éxito y, según nos cuenta de nuevo Rodríguez Besada, con lo que sospechamos cierta exageración, «arrebatando al público, que le arrojó flores y palomas». Dejando aparte el que haya espectadores que tantas expectativas pongan en un estreno de la categoría de una

---

[6] El grupo del Liceo de San Agustín, en su germen, agrupaba a una serie de jóvenes literatos, artistas y estudiosos que tenían en común no solo unas tendencias creativas marcadas claramente por el movimiento romántico europeo, sino también una clara conciencia cultural, histórica y social de lo gallego, haciéndose, pues, partícipes de algunas de las ideas políticas que caracterizaron expresiones de dicho movimiento, entre ellas la defensa de la lengua, la tradición y la cultura propias frente a un poder centralizado que explotaba y menospreciaba a las regiones marginadas por la clase política, como Galicia; regiones, además, fuertemente empobrecidas y que vivían una situación de clara desprotección e injusticia por parte del poder central. Así pues, para algunos de estos jóvenes creadores, sobre todo para Aurelio Aguirre, su arte está orientado a defender y reivindicar la conciencia e identidad gallegas y, a través de estas, reclamar no solo la renovación y preponderancia de su cultura y su lengua, sino su defensa como pueblo y la equiparación de sus condiciones a las de otras zonas del país más privilegiadas.

mera función de una agrupación cultural de provincias como para llevarse a él una jaula de palomas, sí cabe destacar este hecho como prueba de la integración de Rosalía en el ambiente cultural de Santiago[7] y de su toma de contacto con los jóvenes que, más adelante, formarían parte de la élite cultural y social gallega, como el ya citado Aurelio Aguirre, que influyó notablemente en los primeros y vacilantes versos de Rosalía y con el que algunos biógrafos[8] llegaron a relacionarla sentimentalmente —sin ningún fundamento probado o documento que lo atestigüe—, o Pondal, con quien mantendría una relación de amistad que se extendería hasta su familia y, más concretamente, a su hermana Eduarda.

Precisamente a raíz de esta amistad se producirá un hecho que marcará intensamente los recuerdos de juventud de Rosalía: a primeros de septiembre 1853 la familia Pondal la invita a la romería de Nuestra Señora de la Barca[9], en Muxía (A Coruña), Rosalía asiste a ella junto

---

[7] Más adelante, Rosalía, ya casada, volvería a participar de nuevo como protagonista en otra función dramática en el año 1860, también en Santiago, y en una velada organizada por el Cuerpo Escolar de la Universidad de Santiago a beneficio de los heridos en la campaña de África. Sería Ricardo Carballo Calero quien, en sus investigaciones, hallaría el programa de dicha velada, consistente en un drama histórico de tres actos, un intermedio elaborado por don Juan de Ariza y una comedia jocosa titulada *Nuevo sistema conyugal*. La actuación de Rosalía fue, según parece, tan brillante y excelsa que motivó la composición de un soneto laudatorio escrito por los estudiantes de Santiago.

[8] Machado da Rosa, en su artículo «Rosalía de Castro, poeta incomprendido», *Revista Hispánica Moderna*, n.º 3, Nueva York, julio 1954, y Claude Henri Poullain, *Rosalía de Castro de Murguía y su obra literaria 1836-1885*, Editora Nacional, Madrid, 1974.

[9] Esta romería se celebra el 8 de septiembre.

a Eduarda, que contaba por aquel entonces veinticuatro años (mientras que ella tenía solo dieciséis), y ambas contraen el tifus. Deben permanecer convalecientes en casa de un tío de la familia, don Leandro Abrente, médico y hermano de la madre de Eduarda. El 25 de septiembre, Eduarda fallece, mientras que Rosalía consigue recuperarse. Esta estancia en Muxía, de casi un mes, le inspirará la ambientación de su primera novela, *La hija del mar*, publicada en 1859, y de un poema en gallego titulado «Nosa Señora da Barca» que aparecería por primera vez en la antología del *Álbum de la Caridad* en 1862 y que se incluiría también en *Cantares gallegos* (1863).

A su regreso a Santiago Rosalía asistirá a un nuevo drama: el invierno de 1853 es un invierno duro, las cosechas han sido malas y se producen hambrunas que afectan terriblemente a los sectores más desfavorecidos de la sociedad gallega y que provocan que los campesinos de las aldeas colindantes a Santiago invadan la ciudad como desesperado intento de conseguir comida y cuidados médicos. Rosalía presencia este panorama de enfermedad, hambre y desesperación, que la marca profundamente y aviva su conciencia social, como más tarde demostrará en muchos de sus poemas y como expresamente testimoniará en alguno de sus artículos.

En abril de 1856, con diecinueve años, abandona Santiago y se traslada a Madrid, alojándose en casa de M.ª Josefa Carmen García-Lugín[10] —parienta suya por la rama materna—, que residía en pleno centro de la capital, en la calle de la Ballesta.

---

[10] Que más tarde alumbraría a Alejandro Pérez Lugín, novelista y autor de la conocida *La casa de la Troya*.

Mucho se ha divagado sobre las causas que motivaron este traslado y el alejamiento de la persona a la que, según la propia autora, más quería en este mundo, su madre. Algunos de los biógrafos más novelescos, como los ya citados Henri Poullain y Machado da Rosa, lo interpretan, sin una verdadera base documental o testimonial, como un alejamiento voluntario de Aurelio Aguirre y su loco amor romántico; otros lo interpretan como un intento de probar fortuna como actriz. Nada más lejos de la realidad. Según afirma el estudioso Victoriano García Martí[11], el motivo no fue otro que «gestionar la renovación de una providencia injusta que afectaba a los suyos».

Ya en Madrid perdemos la pista de Rosalía, solo sabemos que a principios de 1857 ve la luz su primer libro de poemas, *La flor*, una obra escrita en castellano y con marcadas reminiscencias románticas que el 12 de mayo de 1858, en un artículo publicado en *La Iberia*, un joven crítico alaba hasta el extremo de afirmar que en el poemario «todo él es espontáneo, libre, no hijo del estudio, sino del corazón, pero de un corazón de poeta, de un corazón que siente y sueña como pocos[12]», si bien, he de reconocerlo, también añade que: «Hay muchos y muy grandes defectos [...]. Estudie y trabaje; estamos seguros de que tiene el suficiente talento para comprender cuáles sean esos defectos sin que se los señalemos».

---

[11] *Rosalía de Castro o el dolor de vivir*, Ediciones Aspes, Madrid, 1938, y prólogo a las *Obras completas* de la autora, editadas por Aguilar en 1944.

[12] Extraído de la completa y erudita edición de Mauro Armiño *La flor. A mi madre. Cantares gallegos*, Editorial Espasa, 1986, pág. 18.

Este crítico que tan encendidamente alaba los versos, que tan discretamente señala sus defectos y que en el propio artículo afirma no reconocer a la autora de *La flor*, responde al nombre de Manuel Martínez Murguía y, apenas cinco meses después de la publicación de tan encendidos elogios, se casará con la autora de los versos que los habían merecido.

Manuel Martínez Murguía nació en 1833 en Froxel (A Coruña), hijo de un farmacéutico, estudió Farmacia, como su padre, en Santiago de Compostela y posteriormente se trasladó a Madrid, donde se dedicaría exclusivamente a la literatura y al periodismo. Durante sus estudios universitarios frecuentó el Liceo de la Juventud, era amigo íntimo de Aurelio Aguirre y conocido y admirado en el ámbito de los ambientes literarios y culturales de Santiago; más tarde, establecido ya en la capital, solía acudir a los actos organizados por el Liceo en los periodos vacacionales o en sus frecuentes visitas a la ciudad.

Sin embargo, y según todos los testimonios de sus coetáneos, Rosalía y Murguía nunca coincidieron en Santiago, lo que corroboraría la insistente afirmación de Murguía de que no conocía a Rosalía cuando escribió su crítica a *La flor* motivada por una carta de su hermano Nicolás, residente por aquel entonces en Santiago, en la que le comenta la publicación de «un folletito de 43 páginas de poesías titulado *La flor*» escrito por «la joven D.ª Rosalía de Castro».

Siempre según Murguía, leyó la obra, escribió la crítica y después, ya en Madrid, un amigo común los presentó, su relación se intensificó y, como en las novelas románticas, el resto es historia de amor con final feliz.

Sería precioso, a la par que tan novelesco y romántico como los protagonistas pretenden (sobre todo Murguía), pero parece ser que no es verdad: la propia hija mayor del matrimonio, Alejandra, se encargó de desmentir tan hermosa historia de amor, poesía y destinos cruzados asegurando que en el momento en que Nicolás Murguía escribió su carta *recomendando* a Rosalía a su hermano, ellos *ya* se conocían: los había presentado en Madrid Elías Bermúdez un tiempo antes de la edición de *La flor*.

El caso es que, ya hubieran sido presentados antes o después de la famosa crítica literaria, finalmente el periodista y la poeta se casaron en Madrid el 10 de octubre de 1858, en la iglesia de San Ildefonso. Su primera hija, la ya citada Alejandra, nacería tan solo siete meses después, el 12 de mayo de 1859.

¿Qué papel desempeñó Murguía en la faceta creativa de Rosalía?

Como reseña la profesora Marina Mayoral en el prólogo a su edición de *En las orillas del Sar*, las opiniones de los críticos y biógrafos al respecto son tan contradictorias que provocan, cuando menos, asombro. Según unos, «la decisión de casarse con ese hombre es un acto propio de quien, abrumado por las circunstancias, se ve en la necesidad de aceptar la menor oportunidad[13]».

Para otros en cambio, Murguía fue decisivo en cuanto a su contribución a la obra y a las tareas creativas de

---

[13] Xesús Alonso Montero, prólogo a su edición de *En las orillas del Sar*, Anaya, Salamanca, 1964.

su esposa: él fue quien, según parece, dio a Rosalía la idea de escribir *Cantares gallegos* y quien, movido tal vez por las ideas románticamente nacionalistas promovidas por el Rexurdimento, le sugirió la temática así como la lengua —el gallego— y los referentes bibliográficos que la autora debía leer y tener en cuenta para inspirarse[14]. Carballo Calero ha llegado a afirmar al respecto que «Murguía dirigirá los *Cantares* como se dirige una tesis doctoral». Es muy conocido también, y se repite como una anécdota con insistente frecuencia en todos los textos y estudios que sobre Rosalía y su obra se han escrito, el hecho de que, sin conocimiento de la poeta, Murguía diera a la imprenta viguesa de Juan Compañel los primeros poemas de *Cantares*, de modo que, ya con el primer pliego del poemario impreso, a ella no le quedó más remedio que seguir componiendo versos en cantidad suficiente como para hacer un poemario a medida que la imprenta demandaba más material. Asimismo, tuvo también Murguía que insistir para que la autora elaborara un prólogo a su obra (de gran significado es que ella fechara ese prólogo precisamente el 17 de mayo, día del cumpleaños de su marido), y fue él mismo quien elaboró el glosario de voces gallegas que cierra la obra.

Ahora bien, cosas bien distintas son la relación de la pareja, su vida como matrimonio y la relación como compañeros creadores, incluso como editor-autor o Pigmalión-Galatea de Murguía y Rosalía. Una cosa es que, tal y como afirma Bouza Brey: «De la mano de su mari-

---

[14] En concreto, *El libro de los cantares*, de Antonio de Trueba.

do entró, pues, Rosalía, en la gloria, ya que fue el primer admirador de sus excelsas cualidades poéticas [...]; y nunca jamás le pagará Galicia a don Manuel Murguía el desvelo que puso en dar a conocer las vibraciones de aquel exquisito espíritu[15]», y otra que la poeta fuera feliz a su lado o fuera la suya una relación de pareja plena y equilibrada.

Por desgracia, uno de los motivos por los que nunca podremos saber cómo fue la relación entre Murguía y su esposa fue, precisamente, porque tras la muerte de esta, don Manuel, reconocido historiador y responsable del Archivo del Reino de Galicia, se encargó de destruir, en un acto inusual en un bibliófilo como él, todas las cartas que Rosalía le enviara durante las largas temporadas que el matrimonio permaneció separado, alegando que lo que en ellas se decía pertenecía solo a la pareja y, por tanto, cercana ya su propia muerte, normal era que las destruyera para que esos sentimientos que en ellas se escribían quedaran solo entre ellos.

Ya se ha aludido con anterioridad a la destrucción de cartas y documentos tras su muerte. Al igual que Marina Mayoral, interpretamos tal esquilma como parte de un hábil lavado de imagen (si no de canonización) perpetrado por el propio Murguía con el fin no solo de evitarnos los defectos de la autora, como su ya citado genio, sino también los suyos propios, pues de entre la escasa correspondencia que se ha conservado se desprende que, aunque sí fue excelente editor, secretario y agente litera-

---

[15] Prólogo a su edición de *Cantares gallegos*, Fermín Bouza Brey, Editorial Galaxia, Vigo, 1970.

rio a un tiempo, no estuvo sin embargo, como marido, a la altura de las expectativas de su esposa que, por lo que se adivina entre líneas, no se sentía correspondida en la misma medida en que lo amaba a él.

3. Los hijos y la muerte

Ya hemos citado el nacimiento de Alejandra en 1859, primera hija del matrimonio, apenas siete meses después de la boda. A Alejandra seguirían, por este orden: Aura, nacida en 1868; los gemelos Gala y Ovidio, en 1964; Amara, en 1873 y, finalmente, Adriano, nacido en 1875 y fallecido al año siguiente como consecuencia de un desgraciado accidente doméstico.

En el intervalo habido entre el nacimiento de su primera hija y de la segunda, Aura, se sucedería un hecho tristísimo para la autora: la muerte en Santiago en 1862 de Teresa, su madre, lo que llevaría a la poeta a componer el corpus poético *A mi madre*, consistente en siete poemas agrupados bajo la misma temática: el dolor por la muerte del ser querido y el tono elegíaco profundamente sentido. Este breve poemario se publicaría un año después, en 1863.

La vida del matrimonio Murguía-Rosalía se vio desde el principio marcada por los distintos proyectos y avatares profesionales de él, lo que los llevó en numerosas ocasiones a cambiar de domicilio a lo largo de buena parte de la geografía española e, incluso, a separarse durante largas temporadas: un año después de la boda en Madrid, la pareja está establecida en A Coruña, si bien regresarán de nuevo a Madrid, donde permanecerán hasta 1861, año en que Rosalía vuelve a Santiago con su hija mientras que su marido continúa en la capital. Tiempo después Rosalía viaja a Madrid y luego se trasladarán sucesivamente a Lugo, Santiago, Extremadura, Andalucía, La Mancha y Levante. Tras la Revolución de Septiembre, en 1868, Murguía, hasta entonces secretario de la Junta de Santiago, es nombrado jefe del Archivo de Simancas, con lo que sobreviene a la familia un periodo de relativa calma: la vida de Rosalía transcurre entre Madrid[16] y Simancas y es allí donde compone la mayor parte de los poemas de *Follas novas*, marcados en gran medida por el rechazo a la aridez del paisaje castellano. En 1871, a raíz del nombramiento de Murguía como jefe del Archivo General de Galicia, Rosalía regresa a Galicia con sus hijos, de donde ya no saldrá más. Vivirá sucesivamente en A Coruña, Santiago y, finalmente, en Padrón. En las Torres de Lestrove permanecerá sola con sus hijos desde 1879 hasta 1882, mientras su marido, en Madrid, dirige la publicación *La Ilustración Gallega y Asturiana*. Luego se trasladaría a la casa llamada de La Matanza, en Iria.

Aquejada ya desde la juventud por una precaria salud y asolada de continuo por frecuentes dolencias, de las que da cuenta con dolorosa frecuencia en sus cartas, sería un lento cáncer de útero el que, finalmente, causaría su temprana muerte. En los últimos años de su vida se repiten los viajes a balnearios y, finalmente, al mar,

---

[16] Como dato anecdótico nos parece curioso señalar que, durante esta temporada en Madrid, el matrimonio residió en el número 13 de la calle de Claudio Coello. Bécquer vivía en el 25.

pues fue su expreso deseo el estar cerca de él antes de morir lo que la llevó a instalarse en 1884 en Carril, en la ría de Arosa, durante una breve temporada. De allí volvería, finalmente, a su casa de La Matanza. En este lugar, tras dos años de cáncer y tres días de agonía, fallecería, en ausencia de su marido pero rodeada de sus hijos, el 15 de julio de 1885. Era ya una poeta consagrada, la voz del pueblo gallego, la «madre» de su patria.

Fue enterrada en el cementerio de Adina, que había cantado en sus versos[17], pero apenas una década después, el 25 de mayo de 1895, su féretro sería trasladado a Santiago, al llamado Panteón de Gallegos Ilustres de la iglesia de Santo Domingo, donde reposan también los restos de Castelao.

---

[17] Ver poema «Chirrar dos carros da Ponte», perteneciente a *Follas novas*, en la página 229.

Obra poética y en prosa

♥

ROSALÍA comienza su andadura literaria en 1857 con un pequeño libro de poemas, *La flor*, ya citado, que tiene en su haber el indudable mérito de haber «presentado» a Rosalía a su futuro marido, y viceversa. En cuanto a su valor literario, la crítica estudiosa de Rosalía lo ha considerado siempre como un balbuceante comienzo fruto de las influencias recibidas durante su estancia en Compostela y su relación con poetas románticos como Aurelio Aguirre o el mismo Pondal. Escrito nada más instalarse en Madrid, cuando contaba veinte años, es muy evidente en él tanto la influencia de Espronceda como la de Aguirre.

En su temática prevalece, sobre cualquier otro aspecto, una evidente exaltación del sentimiento romántico y, en esta evidente línea, se repiten motivos propios de esta tendencia. Ahora bien, a pesar de ser indudable, como la mayoría de los estudiosos afirman, que el valor de sus versos no es muy notable, que la autora todavía no ha hallado «su voz» y que, entre tanta referencia e influencia no se acaba de encontrar su verdadero temperamento poético, todavía vacilante y en fase de crecimiento, por decirlo de algún modo, sí es cierto que *La flor* adquiere nuevos valores si lo enmarcamos no como una obra autónoma, sino como una parte más del conjunto de su corpus poético, pues ya en él se advierte la presencia de varios temas recurrentes a lo largo de toda su obra: una visión idealizada del amor seguida del desengaño amoroso de la mujer y el dolor, el abandono y la desilusión como reflejo de un temprano pesimismo. Junto a todos estos temas, y entreverados en descripciones de marcado talante y componentes románticos aparecen, sin embargo, componentes ambientales que se repetirán en la obra de Rosalía y adquirirán con ello el valor de símbolos, que formarán parte de su propia voz: las palomas, el ocaso como preludio de las sombras, los cementerios y un ambiente natural oscuro, tenebroso, como marco idóneo para la melancolía.

A *La flor* seguirán dos obras en prosa que se publicarán en 1858, el mismo año de su matrimonio con Manuel Murguía: la novela corta en castellano titulada *Lieders* y la más extensa *La hija del mar*. Consiste esta última en una novela folletinesca de signo romántico muy apreciada por los críticos de su obra, no por su verdadero valor literario, sino porque es en esta novela donde, de toda su obra en prosa, más signos y rasgos autobiográficos pueden apreciarse, tal vez por estar la obra escrita en la primera juventud de la autora, cuando, inexperta, casi adolescente y poco versada en los quehaceres literarios, carecía todavía de «escudos» suficientes con que enmascarar en el argumento sus propias vivencias y posturas entre los temas tratados. En efecto, y como ya he señalado anteriormente, la poeta tomó el paisaje de Muxía para ambientarla, pero, además, vierte en ella su propia visión del amor y, en una trama complicadísima de pasiones y desdenes, repite siempre el mismo conflicto amoroso: un triángulo compuesto por dos mujeres, madre e hija, y un hombre que, invariablemente, acaba decidiéndose siempre por la más joven. Se percibe también, y muy claramente, el concepto que la autora siempre conservará del amor como perdición para la mujer que conlleva penitencia y castigo en forma de desengaño sentimental, de abandono, para alcanzar finalmente una soledad más o menos atormentada que se recrea continuamente en la pasión pasada.

Tan solo dos años después, en 1859, publicará Rosalía una nueva novela de carácter marcadamente romántico, pero, por el contrario, de trama sensiblemente menos complicada: *Flavio*. La novela consiste únicamente en el seguimiento de los avatares de una única pareja de enamorados, Mara y Flavio. En esta obra no se ha desprendido todavía de las influencias románticas y la novela, poco destacable, no es más que la historia de un amor azaroso, eso sí, con final feliz.

En 1863, tras un lapso de cinco años[18], se publica su segundo volumen poético, se trata de *A mi madre*, un

---

[18] Esta afirmación debe ser matizada: es cierto que *A mi madre* es el segundo poemario de Rosalía que ve la luz, pero los años siguientes a su llegada a Madrid están marcados por una incesante actividad literaria. Así, en 1861 ya aparecerían publicadas varias composiciones poéticas sueltas escritas en gallego: en *El Museo Universal* el poema «¡Adiós, qu'eu voume!», que posteriormente se conocerá como «Adiós ríos, adiós fontes», y en *El Álbum de la Caridad* un conjunto de poemas que posteriormente se incluirían en *Cantares gallegos*.

conjunto de siete poemas de temática común escritos como homenaje a doña Teresa de Castro a raíz de su repentino fallecimiento en 1862. Es este un libro marcadamente personal que revela mucho del mundo interior de Rosalía pese a la brevedad de la obra. Aunque todavía mostrase vacilaciones estilísticas, su importancia es vital en el estudio de su poesía, porque ya en él aparecen figuras que más adelante se mostrarán como fundamentales en el universo poético de la autora: la presencia de espectros (en este caso, y obviamente por una vez, de un espectro claramente identificado: el de doña Teresa), el vacío del alma como respuesta al dolor y la descripción de la naturaleza circundante a la voz narradora como expresión de sus propios sentimientos.

Al desahogo sentimental y personal que supone *A mi madre* sigue, ese mismo año de 1863, la publicación de *Cantares gallegos*, la primera gran obra reconocida como tal de la autora.

Ya he comentado con anterioridad sobre la gestación de este poemario, gestación y nacimiento promovidos por Murguía y que nos hacen casi suponer que *Cantares* fue prácticamente una obra realizada, si no «por encargo», sí por su indudable insistencia que, sin embargo, convirtió la publicación de la obra en todo un acontecimiento y, por ende, a la autora en una especie de portavoz poética de todo el sentir de un pueblo.

¿Era consciente Rosalía al componer *Cantares gallegos* de la trascendencia de su decisión de escribirlo en gallego y con una temática tan marcadamente autóctona y popular?

Siguiendo los argumentos de Xesús Alonso Montero al respecto[19], que analiza con detalle el prólogo, llegamos a la misma conclusión que él: sí. Rosalía no es una mujer alejada de la sociedad y los movimientos literarios de su tiempo. Su marido era uno de los ideólogos del Rexurdimento, un firme defensor de la cultura y las tradiciones gallegas y del uso de su lengua ancestral. Ya se ha hablado aquí de su vital importancia en la composición de este libro e, incluso, de su *guía* a la hora de crearlo. Rosalía no podía, por tanto, ser ajena ni a sus intenciones ni a sus expectativas con respecto a su obra.

Ahora bien: ¿Cumplió Rosalía su «misión»?
Indudablemente sí, y con éxito.

Tal y como afirma en el primer poema del libro, donde manifiesta las intenciones de los cantares, Rosalía consigue alejarse de los temas oscuros y pesimistas, de su tono íntimo y cerrado en sí misma para abrirse a su tierra, sus gentes y sus costumbres, mostrando en los versos de este libro no solo los paisajes gallegos en su verdadera trascendencia y belleza, lejos de los prejuicios y prototipos con que desde el exterior se la marcaba, sino también las injusticias que con Galicia se cometían, la tremenda desigualdad social, la emigración, la denuncia de la pobreza y los abusos de los poderosos.

Aun así, fiel a su intención de retratar a Galicia en el dolor, pero también en la belleza, aparecen en *Cantares gallegos* temas y tonos que no se repetirán en su obra: se nos describen con humor fiestas y romerías,

---

[19] Xesús Alonso Montero, *Rosalía de Castro*, Júcar, Madrid, 1972.

amores picantes que no necesariamente terminan mal, mozas irónicas y desenfadadas, paisajes luminosos y brillantes, alegres y festivos, vívidos y divertidos en los trazos con que Rosalía los pintó, haciendo que predomine, sobre el drama social y la melancolía propia de la autora, un tono optimista absolutamente inusual en ella.

A *Cantares gallegos* y su indudable éxito seguirá una serie de obras en prosa escritas en castellano:

El cuadro de costumbres *El Codio*, que debería haberse publicado en 1864 (de hecho Rosalía lo entregó a imprenta), pero que fue objeto de «sabotaje» por parte de un grupo de seminaristas que atacaron y destrozaron las prensas y, con ellas, el original, presos de indignación e ira al enterarse de que en dicho cuadro eran objeto de sátira por parte de Rosalía; *El Cadiceño*, nuevo cuadro de costumbres publicado (esta vez sí) en 1866 y al que seguiría la novela corta *Ruinas. Desdichas de tres vidas ejemplares* que narra, con notable estilo realista[20] no exento de ironía y ternura, las desventuras de tres «ruinas vivientes» muy cercanas en algunos aspectos al esperpento valleinclanesco.

Tras *Ruinas*, y solo un año después de su publicación, llegará su novela más extensa y posiblemente más ambiciosa: *El caballero de las botas azules*. Se trata de un texto de marcado carácter fantástico y humorístico al que críticos como Carballo Calero comparan con E. T. A. Hoffmann o Von Chamisso. En esta obra, de claras ambiciones tanto estilísticas como argumentales, Rosalía

---

[20] Pues no en vano Rosalía afirma con respecto a esta novela breve que los tres protagonistas existieron en realidad.

plantea un juego de espejos constante entre lo real y lo fantástico, lo romántico y lo humorístico, lo crítico y lo sentimental. Protagonizada por el Caballero de las botas azules —un ser de naturaleza indefinida que no se sabe si es humano o mágico—, este actúa como hilo conductor a lo largo de diferentes relatos de índole moral, satírico o costumbrista en donde lo onírico se mezcla con la crítica a la sociedad de su tiempo.

Tras este extraño experimento narrativo, vuelve Rosalía a la poesía y a la lengua gallega con *Follas novas*, que se publicará en 1880.

Es *Follas novas* un corpus poético dividido en cinco partes de muy marcado carácter argumental: «Vaguedades», «¡De lo íntimo!», «Desvarío», «De la tierra» y «Las viudas de los vivos y las viudas de los muertos». Pero en el fondo, y tal y como afirma Marina Mayoral, realmente los temas de los poemas que componen este libro pueden dividirse fundamentalmente en dos: poemas íntimos y subjetivos que expresan el sentir de la autora y poemas de carácter social que se ocupan, fundamentalmente, de dos tipos de injusticia que asolan a Galicia: por un lado la emigración y los problemas de ellas derivados, como la soledad de las mujeres que se quedan en Galicia y su desamparo y el de sus familias, el desarraigo de los que se van y la pobreza de una tierra que queda seca, yerma de hombres, falta de manos que la trabajen y la levanten; por otro, la terrible desigualdad social entre ricos y pobres, la desesperación de los menos favorecidos y los abusos que, por parte de los poderosos, deben sufrir tanto en lo económico como en lo personal.

Siguiendo esta división entre los poemas pertenecientes al ámbito íntimo y los que se dedican al ámbito externo y, por decirlo de algún modo, social, las tres primeras partes de *Follas novas* se ocuparían, respectivamente, de la esfera personal y las dos últimas de la social.

Es en *Follas novas*, por otra parte, donde se fija la imagen que por siempre ha de acompañar a Rosalía en las retinas y en la memoria colectiva de los lectores: aquí está la madre triste preocupada por la emigración y doliente por el cruel destino de Galicia y, por otra parte, también está la poeta que padece, que sufre, que llora en silencio embargada por extrañas desazones, por sombras que la acosan, por sentimientos negros que la hacen renegar de la vida y sus dones.

Conviene añadir en este punto que, pese a que el poemario se publicó en 1880, la mayoría de los poemas que lo componen fueron compuestos una década antes en Simancas, entre 1870 y 1871, y que tal vez a ello se deba en parte (solo en parte, pues no olvidemos que en muchos otros lugares más verdes y frondosos también ha escrito Rosalía poemas oscuros y tristes) ese sentimiento de desarraigo y desazón, de alma yerma y tierra seca que muestra en muchos de sus versos y que, como ella misma reconocería en el prólogo a *Follas novas*, son fruto «del desierto de Castilla, pensados y sentidos en las soledades de la naturaleza y de mi corazón, hijos pequeños de las horas de enfermedad y de ausencias».

Pero no nos llevemos a engaño: no se puede culpar a la seca Castilla de los males que asolan al espíritu de la autora. Tal vez sea este paisaje reflejo de su estado de ánimo y, por otra parte, con versos de la dureza de, por ejemplo, «Castellanos de Castilla», a lo que alude la autora no es a la aridez de un paisaje, sino a la denuncia social de un trato vejatorio por parte de los terratenientes castellanos para con los jornaleros gallegos, a los que trataban prácticamente como esclavos a su cargo, valiosos solo porque realizaban para ellos las duras labores de vendimia y recolección.

En todo caso, la desolada visión de la naturaleza humana, los sentimientos oscuros y desesperanzados que invaden a Rosalía, el dolor vital, la sensación de desarraigo con respecto a todo, incluso a la propia tierra gallega, otrora tan añorada, y la muerte como único alivio, como única salida al sufrir de la vida, pertenecen a la poeta y van con ella más allá del paraje donde se encuentre.

Tras *Follas novas* publica en 1881 la que sería su última novela: *El primer loco*. En ella vuelve a retomar, pero ahora con serena madurez y con mucho más dominio de sus herramientas y recursos literarios, un tema familiar para ella y que ya tratara en sus primeras obras en prosa: el amor, la pasión amorosa y cómo esta cambia y transforma a los amantes hasta hacer de ellos, como el propio título indica, pobres locos. Ese es el caso del protagonista, Luis, que, preso de un amor no correspondido hacia Berenice, termina enloqueciendo.

Rosalía utiliza los giros argumentales de esta trama, que se complica por momentos, pues Luis es a su vez amado por Esmeralda (de nuevo el triángulo formado por dos mujeres y un hombre), para desarrollar y expresar en toda su magnitud sus ideas sobre sentimientos que, desde sus primeros pinitos como autora, le han interesado: cómo el amor influye y transforma la realidad solo para los amantes, cómo ese amor los hace inmunes hacia los males del exterior, cómo ese amor se alimenta a sí mismo en el que ama con independencia de que sea correspondido o no por la persona amada, y cómo, finalmente, dicho amor desesperado puede llegar a consumir a los amantes con una fuerza tal que puede ser capaz, incluso, de llevarlos a la tumba, como será el caso de la desdichada Esmeralda.

El momento culminante de la novela es la aparición de Esmeralda muerta, en una escena sobrecogedora en la que Rosalía acude, de nuevo, a otro de sus temas favoritos: la muerte con toda su parafernalia de tumbas, sombras y espectros.

La última obra que Rosalía llegará a publicar será un nuevo libro de poemas, esta vez en castellano, pues, con motivo de un desencuentro con algunos de sus lectores gallegos, a raíz de un artículo publicado en *Los lunes del Imparcial* que se prestó a malas interpretaciones, Rosalía, dolida y decepcionada por las críticas injustas, se juró a sí misma no volver a escribir en su lengua materna[21]. Este nuevo poemario se titulará *En las orillas del Sar*.

En lo concerniente a esta obra surgen diversos interrogantes: el primero es el de las fechas de composición

---

[21] Y, dueña de un genio vivo y de un carácter tan fuerte como terco y decidido, lo cierto es que nunca más volvió a publicar en gallego, aunque desgraciadamente, y dado el escaso tiempo que transcurriría hasta su muerte, puede que sí pensara en escribir de nuevo en gallego y no alcancemos nunca a saberlo.

de los poemas que lo forman. Como estas no constan en ninguna de las ediciones no tenemos ninguna referencia más que el estilo de las composiciones, que se asemeja en cierto modo a los de *Follas novas* y que nos hacen suponer que, en todo caso, si bien es muy probable que fueran posteriores a 1870 ó 1871, en ningún caso hayan podido ser anteriores a 1867.

Es *En las orillas del Sar* un libro mucho más conciso y breve que sus poemarios anteriores y plenamente subjetivo. En él los versos se vuelcan en exclusiva hacia su interior, hacia el oscuro pozo de sus sentimientos, cada vez más pesimistas, y el único tema del poemario es su yo desolado y triste, su dolor, su nostalgia y sus recuerdos. Si alguna vez la poeta sale de sí misma es solo para describir o contemplar bien una naturaleza que está en total armonía con ella y sus sentimientos, y los refleja a la perfección a través del clima o lo agreste e inhóspito de sus parajes, bien las sombras que la rodean, bien seres tan tristes, desesperanzados y desilusionados como ella.

Con un lenguaje plenamente acorde con los sentimientos y un dominio del verso y la técnica poéticas completamente admirables, logra Rosalía con *En las orillas del Sar* expresar, a través de los paisajes, su voz y las situaciones en que se sumerge su alma dolorida con viveza y un hondo sentimiento absolutamente inusual en la obra de muchos otros poetas coetáneos seguidores, como ella, de las tendencias o imágenes románticas.

Sin figuras vacuas ni vacías, huyendo de la estética porque sí, utilizando imágenes sencillas pero hondas y profundamente dramáticas, logra Rosalía con todas las armas literarias a su alcance transmitir y expresar en este poemario sus sentimientos, su dolor, su desesperación, con una claridad, una autenticidad y una cercanía que llama a la empatía del lector y lo atrapa sin falsas retóricas ni forzados giros.

Con *En las orillas del Sar* logra expresar su yo más puro, dejarnos el más fidedigno retrato de sí misma. Es tal su sinceridad, su «plena exposición», que hacen de esta obra un dignísimo, inolvidable colofón a toda una vida y una obra plenas de sentimiento y de verdad y, por ello, inolvidables.

Sobre la presente edición

❤

En la presente edición hemos seguido diversas ediciones de los poemarios de Rosalía:

Para *La flor* y *A mi madre*, las primeras ediciones de ambas, que datan de 1857 y 1863, respectivamente, con levísimas correcciones en las erratas más evidentes.

De *Cantares gallegos* tomamos las ediciones correspondientes a 1863 y 1872 (esta fue la segunda edición de *Cantares* y la última que publicó en vida, es decir, la última que cuenta con su control y aprobación), y, con respecto a las mencionadas erratas, aceptamos las correcciones de Fermín Bouza Brey en su edición de 1963 y muchas de las soluciones que aporta el profesor Ricardo Carballo Calero en su edición de Cátedra de 1998. El porqué de utilizar criterios combinados de la primera y segunda edición obedece a la necesidad de cotejar en una y otra las erratas y vacilaciones, siempre presentes en la obra de Rosalía como una losa de la cual, parece, no se pudo librar nunca.

De *Follas novas* tomamos también la edición primigenia de 1880 y, en cuanto a la resolución de las erratas, damos como válidas las soluciones de Ricardo Carballo Calero para su edición de las *Poesías* completas del Patronato Rosalía de Castro en 1973, siempre manteniendo en las versiones en gallego, eso sí, algunas de las particularidades del lenguaje de la autora pese a que hoy pueda considerarse, si no incorrectas, sí al menos no habituales, como el seseo, algunos errores de género evidentes o diversas formas apocopadas que, de alterarse, cambiarían la métrica original de los versos en gallego.

Para *En las orillas del Sar* seguimos igualmente la edición de Carballo Calero para *Poesías*, que da como válida la primera edición de esta obra de 1884, si bien acudimos a la segunda edición del poemario para resolver algunas dudas de interpretación de la primera o porque disentimos de alguna de sus correcciones realizadas en su edición. De igual modo, incluimos los poemas añadidos a la segunda edición (que ya no se realizó en vida de la autora, pero que supervisó minuciosamente Murguía) siguiendo el acertado criterio de la profesora Marina Mayoral para su edición de *En las orillas del Sar*, ya que entendemos, como ella, que los motivos que llevaron a la autora a no incluirlos en la primera no obedecen tanto a su calidad (es más, algunos de estos poemas son de los más brillantes escritos por Rosalía) como a criterios de «oportunidad», dado el contenido social de algunos o la necesidad de cerrar la primera edición con un poema marcadamente religioso.

En cuanto a los criterios de traducción de los poemarios originalmente en gallego (*Cantares gallegos* y *Follas novas*), he optado por preservar una primacía del ritmo y de la musicalidad de los poemas —una de las cualidades más características de la poesía de Rosalía— frente a la unidad de la métrica. Creemos, dado que Rosalía fue audaz y pionera en el uso de nuevas estrofas alejadas de las tradicionales en la poesía hasta entonces clásica (y que más tarde los poetas modernistas, tal vez incluso inspirados en ella, retomarían), caracterizadas por la diversidad de versos de diferente extensión e, incluso, llegó a experimentar en algunos de sus poemas con la partición de palabras y signos de puntuación para asemejarlos al ritmo de composiciones musicales populares, que de cara a una posible traducción sería, desde su punto de vista, prioritario mantener el ritmo y la música frente al «academicismo» de intentar conservar contra todo y pese a todo los versos octosílabos, endecasílabos, o lo que fuera que se utilizase en tal o cual poema. De ahí que las pequeñas libertades que nos hayamos podido tomar en la traducción del texto obedezcan más al intento de conservar la rima o, en su defecto, el ritmo o la musicalidad del poema que a la intención de mantener las sílabas medidas aun a costa de muy cacofónicas disonancias que, creemos, no agradarían a la autora.

Mercedes Castro

Cronología

❤

1837. Nace el 24 de febrero en Santiago de Compostela a las cuatro de la madrugada. Hija de María Teresa de la Cruz de Castro y Abadía y José Martínez Viojo, eclesiástico. A las pocas horas es llevada a bautizar por una criada de confianza de la madre e inscrita como «hija de padres incógnitos»; sin embargo, llevará los apellidos de su madre.

Mariano José de Larra se suicida por amor. Se publica *El estudiante de Salamanca*, de Espronceda. Se publica en Inglaterra *Oliver Twist*, de Charles Dickens.

1838. Una hermana de su padre, Teresa Martínez Viojo, se hace cargo de la niña, a la que cría en Ortoño, en el valle de la Amahía. Algunas cartas y documentos atestiguan que durante su primera infancia la madre mandó recoger a la niña para que volviera con ella a la casa familiar de Padrón, desconociéndose la fecha exacta en que esto sucedió.

1850. Diversos testimonios sitúan a Rosalía instalada, junto a su madre, en Santiago de Compostela, con la que ya convivía antes de dicha fecha.

Nathaniel Hawthorne publica *La letra escarlata*.

1853. Galicia sufre un año de escasez y hambruna. Rosalía, con solo dieciséis años, es testigo de la situación y relata sus sentimientos de horror y compasión en sus primeros versos.

En septiembre asiste, junto a su amiga Eduarda Pondal —hermana menor de Eduardo, el que sería uno de los poetas gallegos más importantes—, a la romería de Nuestra Señora de la Barca, en Muxía, que cantará más adelante. Las dos jóvenes contraen el tifus y deben permanecer convalecientes en la casa del doctor Leandro Abente, tío materno de los Pondal. Finalmente, Eduarda fallece, lo que causa un profundo trauma a Rosalía.

1854. En Santiago de Compostela, donde vive con su madre, participa activamente de la escasa vida cultural de la ciudad. Integrada plenamente en las actividades del Liceo de la Juventud, que frecuentan jóvenes escritores gallegos como Eduardo Pondal, Aurelio Aguirre —con quien algunos estudiosos le atribuyen un romance[1] nada documentado y basado, más que nada, en la libre interpretación de sus primeros textos y algunos testimonios—, Luis G.ª Seoane o Alfredo Vicenti, Rosalía interpretará, con gran éxito, el papel protagonista en una representación teatral de *Rosmunda*, drama de Gil y Zárate.

1856. El 2 de marzo, en Conxo, cerca de Santiago de Compostela, se celebra un banquete de solidaridad entre estudiantes y obreros en el que se reme-

---

[1] *Op. cit.*, pág. 32.

moran los fusilamientos de Carral[2]. Se trata de un acto romántico en el que, con la participación, entre otros, de Aurelio Aguirre, subyace una clara afirmación de la identidad de Galicia. Muchos estudiosos lo señalan como el punto de partida del «Rexurdimento». No se ha podido averiguar si Rosalía estuvo presente en aquel banquete, ahora bien, es imposible que, dadas sus relaciones de amistad con muchos de los presentes, fuera ajena a su sentido final.

En abril se traslada a Madrid, instalándose en el número 13 de la calle de la Ballesta, en casa de su parienta M.ª Josefa Carmen García-Lugín y Castro. Se publica *La familia Alvareda*, de Fernán Caballero. Gustave Flaubert comienza a publicar por entregas *Madame Bovary*.

1857. Con veinte años publica su primer libro de poemas, *La flor*, en castellano.

Sale a la luz *Las flores del mal*, de Baudelaire.

1858. Se publica *Lieders*, obra breve en prosa escrita en castellano. El 12 de mayo Manuel Murguía, analista e investigador de las costumbres e historia de Galicia, hace una crítica entusiasta de *La flor*.

En julio muere Aurelio Aguirre en extrañas circunstancias, se murmura que se ha suicidado. Murguía escribe una semblanza sobre él y su obra.

El 10 de octubre Manuel Murguía y Rosalía de Castro contraen matrimonio. Él tiene veinticinco

---

[2] Con estos fusilamientos culminó en 1846 la represión que puso fin al levantamiento de Santiago de Compostela.

años, ella veintiuno. La profesión de Murguía y sus trabajos como archivero o sus investigaciones como historiador llevarán al matrimonio a cambiar con frecuencia su residencia: Extremadura, Andalucía, La Mancha o A Coruña.

Bécquer publica *El caudillo de las manos rojas*.

1859. El 12 de mayo nace en Santiago la primera hija de Rosalía y Murguía, Alejandra.

Rosalía publica su primera novela *La hija del mar*, escrita en castellano y con tono marcadamente romántico, casi folletinesco.

Bécquer publica su primera «rima».

1860. Rosalía participa de nuevo en una representación teatral, esta vez se trata de un drama histórico —*Antonio de Leiva*, de Juan de Ariza— y de una comedia satírica de autor desconocido —*Nuevo sistema conyugal*—. Organizó el acto el Cuerpo Escolar de la Universidad de Santiago a beneficio de los heridos de África. La actuación de Rosalía cosechó tal éxito que los estudiantes de Santiago elaboraron un soneto laudatorio.

1861. El 24 de noviembre la revista de Madrid *El Museo Universal* publica, bajo el título «¡Adiós, qu'eu voume!», el que posteriormente sería uno de sus poemas más conocidos: «Adiós ríos, adiós fontes». Es la primera vez que un poema en gallego de Rosalía se da a conocer.

Aparecen varios de sus poemas en *El Álbum de la Caridad*.

Se publica también *Flavio*, novela en castellano que aparece en folletón.

Aparece la *Historia crítica de la literatura española*, de Amador de los Ríos.

1862. María Teresa de Castro, madre de Rosalía, fallece en Santiago a los 58 años.

Se publica *Amor de perdición*, de Camilo Castelo Branco.

1863. Se publica *A mi madre*, libro de corta extensión de poemas en castellano dedicado a la memoria de su madre.

El 17 de mayo está fechada la dedicatoria que abre la primera edición de *Cantares gallegos:* «A Fernán Caballero, por ser mujer y autora [...], por haberse apartado algún tanto, en las cortas páginas en que se ocupó de Galicia, de las vulgares preocupaciones con que se pretende manchar a mi país».

Publicación de *Los pretendientes*, de Ibsen.

1864. La imprenta Soto Freire, de Lugo, es apedreada e invadida por unos seminaristas contrarios a la publicación en el *Almanaque* del impresor de un artículo de Rosalía: «El codio», un cuadro de costumbres que satirizaba la vida de los seminaristas. Durante este asalto la obra fue destruida, por lo que no ha llegado hasta nosotros.

Se edita *Escenas montañesas*, de Pereda.

1866. Se publica *Ruinas. Desdichas de tres vidas ejemplares*, novela en castellano. Se trata, de nuevo, de un cuadro costumbrista de tintes realistas que describe las vidas de tres personajes «ruinas» de la sociedad, a los que Rosalía retrata con ternura pese a sus características casi esperpénticas.

También publica una breve obrita en prosa escrita en castellano: *El cadiceño*. Se trata de un cuadro de costumbres satírico en el que se caricaturiza a los gallegos que, tras la emigración, vuelven al hogar natal haciéndose pasar por extranjeros, pretendiendo haber olvidado sus orígenes

Publica asimismo una novela corta en castellano, *Las literatas*.

Publicación de *Crimen y castigo*, de Dostoyevski.

1867. Se publica la tercera y —según consideración de la crítica— más lograda y extensa novela de Rosalía: *El caballero de las botas azules*. Se trata de una obra de corte fantástico, casi surrealista, enraizada en la imaginería de Hoffman y Von Chamisso. Sin embargo, a juicio de la profesora Marina Mayoral, es esta, tal vez, su obra más aburrida[3].

Henrik Ibsen publica *Peer Gynt* y Karl Marx *El capital*.

1868. Revolución de Septiembre: Murguía, hasta entonces secretario de la Junta de Santiago, es nombrado jefe del Archivo de Simancas.

El 7 de diciembre nace en Santiago la segunda hija de Rosalía, Aura. Tras el parto, Rosalía y sus hijos parten para reunirse con Manuel Murguía en Simancas.

Emily Dickinson publica sus *Poemas*.

1870. Entre 1869 y 1871 la familia vivirá a caballo entre Simancas y Madrid —en la capital lo harán en

---

[3] Véase el prólogo a su edición de *En las orillas del Sar*, Editorial Castalia, Madrid, 1986, pág. 25.

Claudio Coello, 13. Bécquer vive en el número 25—. En esta época Rosalía escribe la mayor parte de los poemas que más tarde compondrán *Follas novas*.

Benito Pérez Galdós publica *La Fontana de Oro*.

1871. Murguía es nombrado jefe del Archivo General de Galicia. Toda la familia se traslada a A Coruña. A partir de este momento Rosalía vivirá ya para siempre en Galicia.

El 2 de julio nacen en Lestrove los gemelos Gala y Ovidio.

Bécquer publica sus *Rimas*.

1873. En A Coruña nace el 17 de julio su quinta hija, Amara.

Galdós comienza sus *Episodios nacionales*.

Una temporada en el infierno, de Rimbaud, llega a las librerías.

1875. El 20 de abril nace en Santiago su hijo Adriano Honorato Alejandro.

Pedro Antonio de Alarcón publica *El escándalo*. Se edita *Ana Karénina*, de Tolstói.

1876. Su hijo más pequeño, Adriano, de solo un año y medio de edad, muere al caer de una mesa.

Pérez Galdós publica *Doña Perfecta*. Mark Twain escribe *Las aventuras de Tom Sawyer*.

1877. El 14 de febrero, en Santiago, Rosalía da a luz una niña muerta, Valentina. Hubiese sido su sexta hija. No volverá a quedarse embarazada.

Galdós publica *Gloria*.

1880. Publicación de *Follas novas*, segundo poemario en gallego.

Menéndez Pelayo publica *Historia de los heterodoxos españoles* y se edita en Francia *Bola de sebo*, de Maupassant.

1881. 26 de julio: Rosalía publica una serie de artículos en *Los lunes del Imparcial* sobre costumbres gallegas. La malinterpretación de uno de ellos provocó indignadas reacciones por parte de algunos lectores, que enviaron cartas a varios periódicos acusando a la autora de propagar una mala idea de Galicia y perjudicarla con sus escritos. Rosalía, indignada, escribe en la fecha antes señalada una carta a su marido en la que afirma que ha decidido: «No volver a coger la pluma para nada que pertenezca a este país, ni menos escribir en gallego. [...] No quiero escandalizar a mis paisanos». Firme y decidida como era, cumpliría su promesa.

Publica una novela corta en castellano *El primer loco*. Algunos estudiosos rosalianos opinan que se trata de una obra inspirada en la figura de Aurelio Aguirre.

También se editan varios cuadros de costumbres escritos en castellano: *Padrón y las inundaciones*, *Costumbres gallegas* y *El domingo de Ramos*.

Giovanni Verga publica *Los Malasangre* y Henry James *Washington Square*.

1884. Se edita el que sería su último libro de poesía, esta vez en castellano: *En las orillas del Sar*.

Leopoldo Alas, *Clarín*, publica *La Regenta*. También se edita *Sotileza*, de Pereda.

1885. El 15 de julio, tras una larga agonía en su casa de La Matanza, en Iria, Rosalía fallece debido a un cáncer de útero. Tenía solo 48 años.

Bibliografía

♥

EDICIONES ACTUALES SOBRE LA OBRA POÉTICA DE ROSALÍA:

CASTRO, Rosalía, *Poesía completa en galego*, edición de Benito Varela Jácome, Ed. Xerais de Galicia, Vigo, 1986.

CASTRO, Rosalía, *Cantares gallegos*, edición bilingüe y traducción de Mauro Armiño, Colección Austral, Ed. Espasa, Madrid, 1986.

CASTRO, Rosalía, *La flor, A mi madre, Cantares gallegos*, edición bilingüe y traducción de Mauro Armiño, Colección Austral, Ed. Espasa, Madrid, 1986.

CASTRO, Rosalía, *En las orillas del Sar*, edición de Marina Mayoral, Ed. Castalia, Madrid, 1986.

CASTRO, Rosalía, *En las orillas del Sar*, edición de Mauro Armiño, Colección Clásicos, Ed. Libertarias, Madrid, 1998.

CASTRO, Rosalía, *Cantares gallegos*, edición de Ricardo Carballo Calero, Colección Letras Hispánicas, Ed. Cátedra, Madrid, 1998.

BIBLIOGRAFÍA SELECCIONADA SOBRE ROSALÍA:

ALBERT ROBATTO, Matilde: *Rosalía de Castro y Emilia Pardo Bazán: afinidades y contrastes*, Ediciós Do Castro, Sada, 1995.

ALONSO MONTERO, Xesús: *En las orillas del Sar*, Ed. Anaya, Salamanca, 1964.

ALONSO MONTERO, Xesús: *Rosalía de Castro*, Ed. Júcar, Madrid, 1986.

BOUZA BREY, Fermín: «La joven Rosalía en Compostela (1852-1856)», en *Cuadernos de Estudios Gallegos*, XXXI, 1955.

BOUZA BREY, Fermín: *Cantares gallegos*, prólogo, Ed. Galaxia, Vigo, 1970.

BOUZA BREY, Fermín: *Estudios rosalianos. Aspecto da vida e da obra de Rosalía de Castro*, Ed. Galaxia, Vigo, 1979.

BOUZA BREY, Fermín: «Memoria de la beca de la Fundación Barrié de la Maza» (solo parcialmente publicada, con apartados como «El padre de Rosalía», «La joven Rosalía en Compostela» —con conclusiones distintas a las del anterior artículo de ese mismo título—, «Comunicación de Rosalía y sus hijas con la familia paterna»), en *En las orillas del Sar,* ed. de Mauro Armiño, Barcelona, 1985.

CAAMAÑO BOURNACELL, José: *Rosalía de Castro en el llanto de su estirpe*, Ed. Biosca, Madrid, 1968.

CARBALLO CALERO, Ricardo: «Arredor de Rosalía», en *Siete ensayos sobre Rosalía*, Ed. Galaxia, Vigo, 1952.

CARBALLO CALERO, Ricardo: «Rosalía y otros», en *Cuadernos de Estudios Gallegos*, XXXVII, 1957.

CARBALLO CALERO, Ricardo: *Contribución ao estudo das fontes literarias de Rosalía*, Lugo, 1959.

CARBALLO CALERO, Ricardo: *Cantares gallegos*, Introducción, Ed. Anaya, Salamanca, 1963.

CARBALLO CALERO, Ricardo: *Estudios rosalianos. Aspecto da vida e da obra de Rosalía de Castro*, Ed. Galaxia, Vigo, 1979.

DAVIES, Catherine: *Rosalía de Castro no seu tempo*, Ed. Galaxia, Vigo, 1987.

GARCÍA MARTÍ, Victoriano: «Rosalía de Castro o el dolor de vivir», prólogo a la edición de *Obras Completas*, Ed. Aguilar, Madrid, 1960.

ESTRADA NÉRIDA, Julio: *Páginas de una biografía: Manuel Murguía, Director del Archivo de Simancas (1868-1870)*, Ediciós Do Castro, Sada, 1983.

GONZÁLEZ BESADA, Augusto: *Rosalía de Castro. Notas biográficas*, Ed. Biblioteca Hispania, Madrid, 1916.

LAPESA, Rafael: «Bécquer, Rosalía y Machado», *De la Edad Media a nuestros días,* Estudios de Historia Literaria, Ed. Gredos, Madrid, 1967.

MACHADO DA ROSA, Alberto: «Rosalía de Castro, poeta incomprendido», en *Revista Hispánica Moderna*, Nueva York, julio de 1954.

MARTÍN, Elvira: *Tres mujeres gallegas del siglo XIX. Concepción Arenal, Rosalía de Castro, Emilia Pardo Bazán*, Ed. Aedos, Barcelona, 1977.

MAYORAL, Marina: *Rosalía de Castro*, Ed. Cátedra, Madrid, 1986.

MAYORAL, Marina: «Sobre el amor en Rosalía de Castro y sobre la destrucción de ciertas cartas», en *Cuadernos Hispanoamericanos*, n.º 233, Madrid, mayo de 1969.

MAYORAL, Marina: *La poesía de Rosalía de Castro*, Ed. Gredos, Madrid, 1974.

MAYORAL, Marina: *La poesía de Rosalía de Castro*, Colección Biblioteca Románica Hispánica, Ed. Gredos, Madrid, 1974.

MURGUÍA, Manuel: «La flor. Poesías de la señorita Rosalía de Castro», *Cuadernos de Estudios Gallegos*, VIII, 1947.

MURGUÍA, Manuel: *Diccionario de escritores gallegos*, Vigo, 1962.

MURGUÍA, Manuel: *En las orillas del Sar*, Ed. Páez, Madrid, sin año.

N. MARCH, Katheleen: *De musa a literata: el feminismo en la narrativa de Rosalía de Castro,* Ediciós Do Castro, Sada, 1994.

Naya Pérez, Juan: «Influencia de Murguía en la obra de Rosalía», *La Voz de Galicia,* 15 de julio de 1949.

Naya Pérez, Juan: *Inéditos de Rosalía,* Publicaciones del Patronato de Castro, Santiago, 1953.

Piñeiro, Ramón: «A saudade en Rosalía», en *Siete ensayos sobre Rosalía,* Ed. Galaxia, Vigo, 1952.

Pociña, Andrés, y Aurora López: *Rosalía de Castro. Estudios sobre a vida e a obra,* Eds. Laiovento, Noia, 2000.

Poullain, Claude Henri: *Rosalía de Castro de Murguía y su obra literaria,* Editora Nacional, Madrid, 1974.

Rof Carballo, Juan: «Rosalía, ánima galaica», en *Siete ensayos sobre Rosalía,* Ed. Galaxia, Vigo, 1952.

Varela Jácome, Benito: «Emilia Pardo Bazán, Rosalía de Castro y Murguía», en *Cuadernos de Estudios Gallegos,* XX, 1941.

ANTOLOGÍA POÉTICA

LA FLOR

EL OTOÑO DE LA VIDA

Una tarde de paz en el estío
en que al sopor del caluroso ambiente
se mezclaba lo fresco del rocío.

Hora en que el sol su brillantez perdía,
cubierto allá por las doradas nubes
donde hermosas sus luces escondía.

Sembrada de azucenas y verdura,
selva en verdad de dilatado espacio
convidaba al reposo y la tristura;

y en la pálida sombra que extendían
las ramas de sus árboles frondosos,
misteriosas dulzuras se escondían.

Ningún eco cercano se escuchaba,
ni el insecto de espléndidos colores
jugando por los aires revolaba.

Parece que en redor todo dormía,
que ni aun el aura entre las blandas flores
con su manso murmullo se sentía.

De cuando en vez algún ligero viento
que al mismo tiempo de nacer moría,
cual de un niño que expira el breve aliento,

un eco inusitado produciendo
pasaba entre el verdor de aquel follaje,
y en el espacio al fin se iba extinguiendo.

Y al cabo en el silencio adormecidas,
las olorosas plantas reposaban
en la sombra fresquísima escondidas.

Un joven allí inmóvil descansaba,
cabe del pie de carcomida encina,
y una blanda ilusión acariciaba;

y el ¡ay! que postrimero se sentía
de aquella tarde, amortiguado y yerto,
aquel joven tal vez lo recogía...

Clavado su mirar en unas flores
que lozanas y bellas se entreabrían,
se encantaba, quizás, de sus colores.

Y al seguir el instinto que lo impele,
con placer una de ellas ha tocado;
mas al instante mismo retrocede.

Ve que la flor tan sonrosada y pura
cambiando su color mustia se vuelve
al sentir de su mano la prensura.

Y una arruga marcó su blanca frente
al mirar transición tan repentina;
y alguna idea se quemó en su mente...

Mas insiste otra vez; la mano alarga
por coger otra flor que era más bella,
y un pensamiento de dolor le embarga...

al ver también que se doblega y muere
la flor que tan bonita se mecía,
y en vano el joven revivir la quiere.

Y también esta vez su frente pura
nublada fue por una idea extraña,
mezclada entre vapores de amargura.

A poco rato un pajarillo hermoso
de dulce canto y purpurinas alas
que busca en la pradera su reposo,

parose junto al joven que extasiado
mirándole en su vuelo le siguiera,
de su rara belleza enamorado.

Y al verle que tan cerca se detiene
muy suavísimamente le aprisiona,
y un instante en su mano le contiene.

Y el pajarillo entonces aletea
por salir de la cárcel que le oprime,
y pierde su vigor en la pelea.

Y al fin, después de que se agita en vano,
su pobre corazón de latir cesa,
y muerto se le queda entre la mano...
. . . .

Estático el joven palabras pronuncia
que él solo comprende, que nadie escuchó,
y mira aquel ave que acaso le anuncia
lo que él algún día quizás presintió.

La víctima yerta ligero la tira
a donde las flores marchitas están;
y allí de sus restos los ojos retira,
que acaso el mirarlos tristeza le dan.

Y apoya la frente de angustia nublada
a el árbol que cerca de sí percibió,
y a poco pensando, quizás en la nada,
cerrando sus ojos durmiendo quedó.

. . . .
. . . .
. . . .
. . . .

Y la selva también que se dormía,
con el joven aquel, en los vapores
que ocultaba la tarde, parecía.

Y un eco de su fondo se exhalaba
que al grato son del murmurante arroyo
imperceptible y leve se mezclaba.

Y aquel eco sin voz era un aliento,
un respiro vital de aquellas flores
que extendían su aroma por el viento.

Una brisa ligera se levanta,
mueve de pronto las dormidas hojas
y entre las ramas resbalando canta.

Y parece que entonces nueva vida
cobró a su vez la soñolienta tarde
del letargo pesado desprendida.

Ya el pájaro cantando voltejea,
y en su vuelo rasante va tocando
la blanca flor que nacarada ondea.

Y el lago que tranquilo reposaba,
espejo de purísima limpieza
donde un cielo de azul se reflejaba,

manso viento que pasa y se desliza
su blanda superficie apenas mueve
y en leves ondas su tersura riza.

Todo revive, al parecer, y abierta
la senda de otra vida se percibe;
mas el joven aquel aún no despierta.

. . . .
. . . .
. . . .

Una paloma silvestre
ligera viene y se posa
en el árbol do reposa
el joven que se durmió.

Y a su cantar poco dulce
marchose el blando beleño
de su pacífico sueño;
y el joven se levantó.

La vista tiende en la selva
para despedirse acaso,
mas tras él sintiendo el paso
de algún animado ser,

vuelve la cabeza y mira
un niño que juguetea
y contento se recrea
con inocente placer;

y que en su mano lozanas
las flores marchitas antes,
con sus colores brillantes
volvieron a relucir;

y el pájaro que doliente
entre sus manos muriera,
ora cantando volviera
con su hermosura a vivir.

. . . .

Entonces el joven
del caso presente
la causa a su mente
pregunta, y la halló.

Y en tanto que el niño
risueño jugaba,
su labio marcaba
sonrisa que heló.

La duda presiente
que acaso a su vida
por siempre irá unida...
fatal predicción...

Suspira y su labio
murmura una queja,
y huyendo se aleja
de aquella visión.

   Luego un eco
   en el espacio
   muy despacio
   se perdió,
   y en los valles
   extendido,
   escondido,
   murmuró,
   con raro
   vago
   son:

«Al que en la vida una vez
mira la fe ya perdida
que acarició su niñez,
y la terrible vejez
siente venir escondida;

quien contempla la ilusión
de su esperanza soñada
muriendo el corazón
al grito de la razón,
¿qué es lo que le queda?... ¡Nada!»[1].

---

[1] Casi por unanimidad, los estudiosos de la poesía de Rosalía coinciden en señalar que *La flor* es una obra «de aprendizaje» todavía vacilante, en la que la autora no muestra una voz propia, sino que se limita a seguir fielmente los cánones del Romanticismo más pomposo. Pese a todo, considerada en su conjunto se pueden apreciar símbolos, ambientes y elementos descriptivos que perdurarán a lo largo de toda su obra. Buena prueba de ello es, por ejemplo, el paisaje descrito en este poema; el ocaso, la sombra y, sobre todo, la reflexión con que se cierra, muy acorde con su espíritu pesimista, con su vacío existencial, un vacío que, a medida que profundiza en su lírica, se irá incrementando cada vez más.

A MI MADRE

I

De gemidos quejumbrosos,
de suspiros lastimeros,
vago suena en el espacio
melancólico concierto...
Son las campanas que tocan...[1]
¡Tocan por los que murieron!
Plañidero el metal vibra
las regiones recorriendo
de los valles solitarios,
de los tristes cementerios,
y también allá en la hondura
de las almas sin consuelo.
¡Vasto páramo es la mía,
como abrasado desierto,
como mar que no se acaba,
y en ella un sepulcro tengo
más profundo que un abismo,
más ancho que el firmamento,
y al eco de las campanas,
que en él se va repitiendo,
los esqueletos se rompen
de mis pálidos recuerdos!

---

[1] En *A mi madre* Rosalía da rienda suelta al dolor producido por la muerte de doña Teresa de Castro. Se trata de un libro de concepto unitario en el que, en teoría, prima la hondura del sentimiento sobre la forma. Sin embargo, Rosalía muestra una vez más una asombrosa coherencia con toda su obra y repite elementos que, de nuevo, cobran el valor de símbolos que aluden muchas veces a la tortura de su propio universo interior: las campanas, los sepulcros, la sensación de vivir en un cuerpo vacío, sin alma...

¿Será cierto que pasaron
y para siempre murieron?
¿Es verdad que cuanto toco,
cuanto miro y cuanto quiero,
todo ilusión me parece,
todo me parece un cuento?
Y que tuve un tiempo madre
y que ora ya no la tengo...
también un sueño parece,
¡pero qué terrible sueño!

* * *

Muchos lloran y lloran y se quejan,
y entre quejas y llantos y suspiros,
    que hijos son del dolor,
la ruda fuerza del dolor mitigan
cantando al son de lira cariñosa
    con plañidera voz.
Yo ni lloro ni canto ni me quejo,
mas en mi seno recogida guardo
    la hiel del corazón;
y por eso, vivir, vivo muriendo,
que sentir nadie sin morir pudiera,
    ¡ay!, lo que siento yo.

Cantares gallegos

1

Has de cantar[1],
que te he de dar zonchos[2];
has de cantar,
que muchos te he de dar.

I

«Has de cantar,
meniña gaitera;
has de cantar,
que muero de pena.

Canta, meniña,
de la fuente en la orilla;
canta, te daré
bollitos del pote.

Canta, meñina,
con blando compás,

---

[1] Este poema, que abre *Cantares gallegos,* es también el que da título a la obra y sirve como declaración de intenciones y objetivos de todo el poemario. En su primera parte, en donde destaca especialmente la estructura paralelística de las últimas estrofas, se le pide a una rapaza que cante para alegrar a su interlocutor y a todo los que la escuchen, prometiéndole a cambio diversos manjares y regalos (un refajo, un mantelo…). En la segunda es la rapaza la que habla y nos cuenta dónde le pidieron que cantara: en una romería, con ambiente festivo, distendido y feliz. En la tercera se revela no solo la finalidad de la canción de la moza sino de todo el libro: cantar y ensalzar a Galicia y sus paisajes y gentes. En la cuarta parte, finalmente, se nos describe cómo

1

Has de cantar,
que che hei de dar zonchos;
has de cantar,
que che hei de dar moitos.

I

«Has de cantar,
meniña gaiteira;
has de cantar,
que me morro de pena.

Canta, meniña,
na veira da fonte;
canta, dareiche
boliños do pote.

Canta, meñina,
con brando compás,

---

se ha de cantar a Galicia: en gallego, pues es así como se expresan no solo sus habitantes, sino también incluso sus paisajes.

Y se nos dice además por qué se debe cantar a Galicia: para consolarla y aliviarla de los tormentos, pesares e injusticias que sufre, con lo que así demuestra Rosalía la clara intención no solo descriptiva y desmitificadora de este libro, sino también social. Para cerrar la estructura circular de estos *Cantares*, en el poema que los cierra aparece la misma rapaza que, como una especie de Puck, explica que ha cantado a Galicia lo mejor que ha sabido y pide disculpas si su destreza no ha sido la suficiente.

[2] *Zonchos*: castaña cocida con su cáscara. *(Gran Diccionario Xerais da Lingua)*

te daré una torta
caliente del lar.

   Papas con leche
también te daré;
sopas con vino,
torrijas con miel.

   Patatas asadas
con sal y vinagre,
que saben a nueces.
¡Qué ricas que saben!

   ¡Qué fiesta, rapaza,
si cantas haremos...!
Fiestiña por fuera,
fiestiña por dentro.

   Canta, si quieres,
demonio pequeño;
canta, si quieres;
te daré un mantelo.

   Canta, si quieres,
en la lengua que hablo.
Te daré un mantelo.
Te daré un refajo.

   Al son de la gaita,
al son de la pandera,
te pido que cantes,
rapaza morena.

dareiche unha proia
da pedra do lar.

Papiñas con leite
tamén che darei;
sopiñas con viño,
torrexas con mel.

Patacas asadas
con sal e vinagre,
que saben a noces.
¡Qué ricas que saben!

¡Qué feira, rapaza,
si cantas faremos...!
Festiña por fora,
festiña por dentro.

Canta, si queres,
rapaza do demo;
canta, si queres;
dareiche un mantelo.

Canta, si queres,
na lengua que eu falo.
Dareiche un mantelo.
Dareiche un refaixo.

Co son da gaitiña,
co son da pandeira,
che pido que cantes,
rapaza morena.

Al son de la gaita,
al son del tambor,
te pido que cantes,
meniña, por Dios.»

II

Así me lo pidieron
a la orilla del mar,
al pie de las olas
que vienen y van.

Así me lo pidieron
en la orilla del río
que corre entre las hierbas
del campo florido.

Cantaban los grillos,
los gallos cantaban,
el viento entre las hojas
bramando pasaba.

Campeaban los prados,
manaban los manantiales
entre hierbas y viñas,
higueras y robledales.

Tocaban las gaitas.
Al son de panderas
bailaban los mozos
con las mozas modestas.

Co son da gaitiña,
co son do tambor,
che pido que cantes,
meniña, por Dios.»

II

Así mo pediron
na beira do mar,
ó pe das ondiñas
que veñen e van.

Así mo pediron
na beira do río
que corre antre as herbas
do campo frorido.

Cantaban os grilos,
os galos cantaban,
o vento antre as follas
runxindo pasaba.

Campaban os prados,
manaban as fontes
antre herbas e viñas,
figueiras e robres.

Tocaban as gaitas.
Ó son das pandeiras
bailaban os mozos
cas mozas modestas.

¡Qué cofias tan blancas!
¡Qué chales con flecos!
¡Qué dengues de grana!
¡Qué cintas! ¡Qué aderezos!

¡Qué ricos mandiles!
¡Qué verdes refajos!
¡Qué finos justillos
color colorado!

Tan vivos colores
la vista turbaban;
de verlos tan varios
el sol se alegraba.

De verlos bullendo
por montes y vegas,
pensó que eran rosas
gallardas y frescas.

III

Lugar más hermoso
no hubo en la tierra
que aquel que miraba,
que aquel donde naciera.

Lugar más hermoso
en el mundo no hallara
que aquel de Galicia.
¡Galicia encantada!

¡Qué cofias tan brancas!
¡Qué panos con freco!
¡Qué dengues de grana!
¡Qué sintas! ¡Qué adresos!

¡Qué ricos mandiles!
¡Qué verdes refaixos!
¡Qué feitos xustillos
de cor colorado!

Tan vivos colores
a vista trubaban;
de velos tan váreos
o sol se folgaba.

De velos bulindo
por montes e veigas,
coidou que eran rosas
garridas e frescas.

III

Lugar máis hermoso
non houbo na terra
que aquel que eu miraba,
que aquel que me dera.

Lugar máis hermoso
no mundo n'hachara
que aquel de Galicia.
¡Galicia encantada!

¡Galicia florida!
Como ella ninguna,
de flores cubierta,
cubierta de espumas.

De espumas que el mar
con perlas devuelve;
de flores que nacen
al pie de las fuentes.

De valles tan hondos,
tan verdes, tan frescos,
que las penas se calman
tan solo con verlos.

Que los ángeles en ellos
dormidos se quedan,
en forma de palomas,
o en forma de nieblas.

IV

He de cantarte, Galicia,
tu dulce cantar,
que así me lo pidieron
en la orilla del mar.

He de cantarte, Galicia,
en la lengua gallega,
consuelo de los males,
alivio de las penas.

¡Galicia frolida!
Cal ela ningunha,
de froles cuberta,
cuberta de espumas.

De espumas que o mare
con pelras gomita;
de froles que nacen
ó pe das fontiñas.

De valles tan fondos,
tan verdes, tan frescos,
que as penas se calman
non máis que con velos.

Que os ánxeles neles
dormidos se quedan,
xa en forma de pombas,
xa en forma de niebras.

IV

Cantarte hei, Galicia,
teus dulces cantares,
que así mo pediron
na beira do mare.

Cantarte hei, Galicia,
na lengua gallega,
consolo dos males,
alivio das penas.

Mimosa, suave,
sentida, quejosa,
encanta si ríe,
conmueve si llora.

Como ella ninguna
tan dulce que cante
saudades amargas,
suspiros amantes,

misterios de la tarde,
rumores de la noche:
he de cantarte, Galicia,
en la orilla de las fuentes.

Que así me lo pidieron,
que así me lo mandaron,
que cante y que cante
en la lengua que hablo.

Que así me lo mandaron,
que así me lo dijeron...
Ya canto, meniñas.
Atended, que comienzo.

Con dulce alegría,
con blando compás,
al pie de las olas
que vienen y van.

Dios santo permita
que estos cantares

Mimosa, soave,
sentida, queixosa,
encanta si ríe,
conmove si chora.

Cal ela ningunha
tan dose que cante
soidades amargas,
sospiros amantes,

misterios da tarde,
murmuxos da noite:
cantarte hei, Galicia,
na beira das fontes.

Que así mo pediron,
que así mo mandaron,
que cante e que cante
na lengua que eu falo.

Que así mo mandaron,
que así mo dixeron...
Xa canto, meniñas.
Coidá, que comenzo.

Con dulce alegría,
con brando compás,
ó pe das ondiñas
que veñen e van.

Dios santo premita
que aquestes cantares

de alivio os sirvan
en vuestros pesares;

de amable consuelo,
de suave contento
como hartan de dichas
cumplidos deseos.

   De noche, de día,
en la aurora, en la tarde,
me oiréis cantando
por montes y valles.

   Quien quiera que me llame,
quien quiera me obliga;
y cantar, le cantaré
de noche y de día.

   Por darle contento,
por darle consuelo,
trocando en sonrisas
quejas y lamentos.

   Buscadme, mociñas,
ancianas, rapaces.
Buscadme entre los robles.
Buscadme en los maizales,

en las puertas de los ricos,
en las puertas de los pobres,
que estos cantares
a todos responden.

de alivio vos sirvan
nos vosos pesares;

de amabre consolo,
de soave contento
cal fartan de dichas
compridos deseios.

De noite, de día,
na aurora, na sera,
oirésme cantando
por montes e veigas.

Quen queira me chame,
quen queira me obriga;
cantar, cantareille
de noite e de día.

Por darlle contento,
por darlle consolo,
trocando en sonrisas
queixiñas e choros.

Buscaime, rapazas,
velliñas, mociños.
Buscaime antre os robres.
Buscaime antre os millos,

nas portas dos ricos,
nas portas dos probes,
que aquestes cantares
a todos responden.

A todos, que a la Virgen
ayuda le pedí,
para que os consuele
en vuestro sufrir;

en vuestros tormentos,
en vuestros pesares.
Atended, que comienzo...
Meniñas, ¡Dios mediante!

2

Nací cuando las plantas nacen,
en el mes de las flores nací,
en una alborada tranquila,
en una alborada de abril.
Por eso me llaman Rosa[3],
la del triste sonreír,
con espinas para todos,
sin ninguna para ti.

---

[3] En otros poemas de Rosalía volverá a aparecer una muchacha llamada Rosa (sin embargo, conviene aclarar que no parece que se trate de un álter ego), y de entre todos destacan los dos que cierran *Follas novas,* «De soidás morríase» —también en esta edición, pág. 245— y «Pois consólate, Rosa», de manera que podríamos seguir, a lo largo de los tres poemas, distintos momentos temporales de una historia de amor entre los dos protagonistas de este primer «acto»: Mauro y Rosa.

Así, asistimos en este primer poema al desengaño de Rosa con respecto a Mauro; luego la encontraremos en la ciudad, casi muriendo de pena por estar lejos de su aldea (una imagen, por otra parte, muy fre-

A todos, que á Virxen
axuda pedín,
porque vos console
no voso sufrir;

nos vosos tormentos,
nos vosos pesares.
Coidá, que comenso...
Meniñas, ¡Dios diante!

2

Nasín cando as prantas nasen,
no mes das froles nasín,
nunha alborada mainiña,
nunha alborada de abril.
Por eso me chaman Rosa,
mais a do triste sorrir,
con espiñas para todos,
sin ningunha para ti.

---

cuente en las protagonistas de Rosalía: se marchan de su ambiente porque no pueden vivir en él y, lejos del mismo, marchitan, fallecen) y, finalmente, en el tercer poema, es el amador de Rosa (Mauro) quien se dirige a ella, cerrando así, en cierto modo, una estructura perfectamente circular: Rosa-Amor / Desamor / Mauro-Explicación. En él el galán le confiesa el porqué de su desamor y la exhorta a seguir adelante sin arrepentimiento, pues quien amó con sinceridad no tiene de qué avergonzarse, hay que aprovechar el momento y no mirar atrás sin rencor y no lamentarse por el amor perdido, pues el dolor de la pérdida forma parte de la esencia del mismo, tan cruel como maravilloso.

Desde que te quise, ingrato,
todo acabó para mí,
que eras tú para mí todo,
mi gloria y mi vivir.

¿De qué, pues, te quejas, Mauro?
¿De qué, pues, te quejas, di,
cuando sabes que moriría
por contemplarte feliz?

Duro clavo[4] me clavaste
con ese tu maldecir,
con ese tu pedir loco
que no sé qué quieres de mí,
pues te di todo lo que pude
avariciosa de ti.

Mi corazón te mando
con una llave para abrir.
Ni tengo yo más que darte,
ni me puedes tú más pedir.

8

Un arrogante gaitero,
de fino paño vestido,
como un príncipe cumplido,

---

[4] Alusión muy similar a un verso de uno de los poemas más famosos de Rosalía (pertenece a *Follas novas* y se incluye en esta edición en la pág. 196). El amor como un clavo, metáfora de un sentimiento

Desque te quixen, ingrato,
todo acabou para min,
que eras ti para min todo,
miña groria e meu vivir.

¿De qué, pois, te queixas, Mauro?
¿De qué, pois, te queixas, di,
cando sabes que morrera
por te contemplar felís?

Duro cravo me encravaches
con ese teu maldesir,
con ese teu pedir tolo
que non sei qué quer de min,
pois dinche canto dar puden
avariciosa de ti.

O meu corasón che mando
cunha chave para o abrir.
Nin eu teño máis que darche,
nin ti máis que me pedir.

8

Un repoludo gaiteiro,
de pano sedán vestido,
como un príncipe cumprido,

---

doloroso que condena pero que llena, constante siempre en su presencia ya sea por el dolor presente como por el vacío de su ausencia. Se trata de un referente continuo en su obra.

cariñoso y zalamero,
entre los mozos el primero
y en las ciudades sin par,
tenía costumbre de cantar
allá por la mañanita:
—*Con esta gaitiña mía*
a las niñas he de engañar.

   Siempre por la villa entraba
con aires de señorío;
siempre con pujante brío
con el tambor se acompasaba;
y si en la gaita soplaba,
era tan dulce soplar,
que bien hiciera en cantar
allá por la mañanita:
—*Con esta gaitiña mía*
a las niñas he de engañar.

   Todas por él suspiraban,
todas por él se morían;
si lo tenían cerca, sonreían;
si lo tenían lejos, lloraban.
¡Mal pecado! No cuidaban
que con aquel su florear
tenía costumbre de cantar
allá por la mañanita:
—*Con esta gaitiña mía*
a las niñas he de engañar.

   Camino de la romería,
debajo de una higuera,

cariñoso e falangueiro,
antre os mozos o pirmeiro
e nas siudades sin par,
tiña costume en cantar
aló pola mañanciña:
—*Con esta miña gaitiña*
ás nenas hei de engañar.

  Sempre pola vila entraba
con aquél de señorío;
sempre con poxante brío
co tambor se acompasaba;
e si na gaita sopraba,
era tan dose soprar,
que ben fixera en cantar
aló pola mañanciña:
—*Con esta miña gaitiña*
ás nenas hei de engañar.

  Todas por el reloucaban,
todas por el se morrían;
si o tiñan cerca, sorrían;
si o tiñan lonxe, choraban.
¡Mal pecado! Non coidaban
que c'aquel seu frolear
tiña costume en cantar
aló pola mañanciña:
—*Con esta miña gaitiña*
ás nenas hei de engañar.

  Camiño da romería,
debaixo dunha figueira,

¡cuánta mocita soltera
«Te quiero», le repetía...!
Y él con la gaita respondía
para a todas embaucar,
pues bien hiciera en cantar
allá por la mañanita:
—*Con esta gaitiña mía
a las niñas he de engañar.*

Ellas loquitas bailaban
y hacia él corrían
ciegas..., ciegas, y no veían
las espinas que las cercaban;
pobres palomas, buscaban
la luz que las iba a quemar,
pues él bien sabía cantar
allá por la mañanita:
—*Al son de la gaitiña mía
a las niñas he de engañar.*

En las fiestas ¡cuánto contento!
¡Cuánta risa en las fiadas[5]!
Todas, todas, enamoradas,
le dieron su pensamiento.
Y él que, de amores sediento,
las quiso a todas engañar,
cuando las vio después llorar,
cantaba en las mañanitas:
—*No sean ellas loquiñas:
no vengan a mi tocar.*

---

[5] *Fiadas*: reunión que se hacía para hilar el lino o la lana y pasar al mismo tiempo una velada de fiesta. *(G.D.X.L.)*

¡cánta meniña solteira
«Quérote», lle repetía...!
I el ca gaita respondía
por a todas emboucar,
pois ben fixera en cantar
aló pola mañanciña:
—*Con esta miña gaitiña
ás nenas hei de engañar.*

  Elas louquiñas bailaban
e por xunta del corrían
cegas..., cegas, que non vían
as espiñas que as cercaban;
probes palomas, buscaban
a luz que as iba queimar,
pois que el soupera cantar
aló pola mañanciña:
—*Ó son da miña gaitiña
ás nenas hei de engañar.*

  Nas festas ¡cánto contento!
¡Cánta risa nas fiadas!
Todas, todas, namoradas,
déranlle o seu pensamento.
I el que, de amores sedento,
quixo a todas engañar,
cando as veu dimpois chorar,
cantaba nas mañanciñas:
—*Non sean elas toliñas:
non veñan ó meu tocar.*

11

Campanas de Bastabales[6]*,*
cuando os oigo tocar,
me muero de soledades.

1

Cuando os oigo tocar,
campaniñas, campaniñas,
sin querer rompo a llorar.

Cuando a lo lejos os oigo,
pienso que por mí llamáis
y las entrañas me royo.

Me duelo de angustia herida,
que antes tenía una vida entera
y hoy tengo media vida.

Solo media me dejaron
los que de allí me trajeron,
los que de allí me robaron.

No me robaron, traidores,
¡ay!, unos amores enloquecidos
¡ay!, unos enloquecidos amores.

---

[6] Bastabales: se refiere a las campanas de la parroquia de San Julián de Bastabales, en el ayuntamiento de Brión. Una vez más, las campanas aparecen como elemento simbólico.

11

*Campanas de Bastabales,
cando vos oio tocar,
mórrome de soidades.*

I

Cando vos oio tocar,
campaniñas, campaniñas,
sin querer torno a chorar.

Cando de lonxe vos oio,
penso que por min chamades,
e das entrañas me doio.

Dóiome de dor ferida,
que antes tiña vida enteira
i hoxe teño medio vida.

Solo media me deixaron
os que de aló me trouxeron,
os que de aló me roubaron.

Non me roubaron, traidores,
¡ai!, uns amores toliños,
¡ai!, uns toliños amores.

Que los amores ya huyeron,
las soledades vinieron...
De pena me consumieron.

II

Allá por la mañanita
subo hasta los cerros
ligera, ligerita.

Como una cabra ligera,
para oír de las campanas
la campanada primera.

La primera de la alborada,
que me traen los aires
por verme más consolada.

Por verme menos llorosa,
en sus alas me la traen
bulliciosa y quejumbrosa.

Quejumbrosa y retumbando
por entre la verde espesura,
por entre el verde arbolado.

Y por la verde pradera,
sobre la vega llana,
bulliciosa e inquieta.

Que os amores xa fuxiron,
as soidades viñeron...
De pena me consumiron.

II

Aló pola mañanciña
subo enriba dos outeiros
lixeiriña, lixeiriña.

Como unha craba lixeira,
para oír das campaniñas
a batalada pirmeira.

A pirmeira da alborada,
que me traen os airiños
por me ver máis consolada.

Por me ver menos chorosa,
nas súas alas ma traen
rebuldeira e queixumbrosa.

Queixumbrosa e retembrando
por antre a verde espesura,
por antre o verde arborado.

E pola verde pradeira,
por riba da veiga llana,
rebuldeira e rebuldeira.

III

Despacito, despacito,
voy por la tarde callada
de Bastábales camino.

Camino de mi contento;
y en tanto el sol no se esconde,
en una piedra me siento.

Y sentada estoy mirando
cómo la luna va saliendo,
cómo el sol se va acostando.

Cómo se acuesta, cómo se esconde
mientras tanto corre la luna
sin saberse para dónde.

Para dónde va tan sola,
sin que a los tristes que la miramos
ni nos hable, ni nos oiga.

Que si oyera y nos hablara,
muchas cosas le dijera,
muchas cosas le contara.

IV

Cada estrella, su diamante,
cada nube, blanca pluma;
triste la luna marcha delante.

III

Paseniño, paseniño,
vou pola tarde calada
de Bastabales camiño.

Camiño do meu contento;
i en tanto o sol non se esconde,
nunha pedriña me sento.

E sentada estou mirando
cómo a lúa vai saíndo,
cómo o sol se vai deitando.

Cál se deita, cál se esconde
mentras tanto corre a lúa
sin saberse para dónde.

Para dónde vai tan soia,
sin que aos tristes que a miramos
nin nos fale, nin nos oia.

Que si oíra e nos falara,
moitas cousas lle dixera,
moitas cousas lle contara.

IV

Cada estrela, o seu diamante,
cada nube, branca pruma;
triste a lúa marcha diante.

Delante marcha clareando
vegas, prados, montes, ríos,
donde el día va faltando.

Falta el día, y noche oscura
baja, baja, poco a poco,
por montañas de verdura.

De verdura y de follaje,
salpicada de fuentes
bajo la sombra del ramaje.

Del ramaje donde cantan
pajarillos piadores
que con la aurora se levantan.

Que con la noche se adormecen
para que canten los grillos
que con las sombras aparecen.

V

Corre el viento, el río pasa.
Corren nubes, nubes corren
camino de mi casa.

Mi casa, mi abrigo;
se van todos, yo me quedo
sin compaña ni amigo.

Diante marcha crarexando
veigas, prados, montes, ríos,
donde o día vai faltando.

Falta o día, e noite escura
baixa, baixa, pouco a pouco,
por montañas de verdura.

De verdura e de follaxe,
salpicada de fontiñas
baixo a sombra do ramaxe.

Do ramaxe donde cantan
paxariños piadores
que ca aurora se levantan.

Que ca noite se adormecen
para que canten os grilos
que cas sombras aparecen.

V

Corre o vento, o río pasa.
Corren nubes, nubes corren
camiño da miña casa.

Miña casa, meu abrigo;
vanse todos, eu me quedo
sin compaña nin amigo.

Yo me quedo contemplando
las lumbres de las casas
por quien vivo suspirando.

. . . .

Viene la noche..., muere el día,
las campanas tocan lejos
el toque del *Ave María*[7].

Ellas tocan para que rece;
yo no rezo, que los sollozos
ahogándome parece
que por mí deben rezar.
*Campanas de Bastabales,
cuando os oigo tocar,
me muero de soledades.*

13

San Antonio bendito[8]*,
dame un hombre,
aunque me mate,
aunque me robe.*

---

[7] Se trata del toque del Ángelus, al anochecer.

[8] La protagonista de este poema, que no tiene caráceter serio, es una moza irónica y «desesperada» que le pide al santo un marido, aunque sea cojo, manco, bizco... Aquí, en un registro inusual, podemos

Eu me quedo contemprando
as laradas das casiñas
por quen vivo suspirando.

. . . .

Ven a noite..., morre o día,
as campanas tocan lonxe
o tocar da *Ave María.*

Elas tocan pra que rece;
eu non rezo, que os saloucos
afogándome parece
que por min tén que rezar.
Campanas de Bastabales,
cando vos oio tocar,
mórrome de soidades.

13

San Antonio bendito,
dádeme un home,
anque me mate,
anque me esfole.

---

constatar el gran sentido del humor de Rosalía y, subsidiariamente, la aguda crítica que encierran estos versos: una mujer por sí sola, sin marido, no vale nada, está desesperada. Por eso, patizambo o tuerto, es bueno tener un marido *para un remedio.*

Mi santo San Antonio,
dame un marido,
aunque tenga el tamaño
de un grano de millo[9].
Dámelo, mi santo,
aunque los pies tenga cojos,
mancos los brazos.

Una mujer sin hombre...
¡santo bendito!,
es cuerpo sin alma,
fiesta sin trigo,
rama que gira
que donde quiera que vaya
quiebra marchita.

Mas, teniendo un marido,
¡Virgen del Carmen!,
no hay mundo que llegue
para una holgarse.
Que, zambo o renco,
siempre es bueno tener un hombre
para un remedio.

Yo sé de uno que codicia
causa mirarlo,
esbelto de cuerpo,
rubio y encarnado.
Carnes mantecosas,
y palabras tan dulces
como mentirosas.

---

[9] *Millo*: maíz. *(Diccionario de la Real Academia Española)*

Meu santo San Antonio,
daime un homiño,
anque o tamaño teña
dun gran de millo.
Daimo, meu santo,
anque os pes teña coxos,
mancos os brazos.

Unha muller sin home...
¡santo bendito!,
é corpiño sin alma,
festa sin trigo,
pau viradoiro
que onda queira que vaia
troncho que troncho.

Mais, en tendo un homiño,
¡Virxe do Carme!,
non hai mundo que chegue
para un folgarse.
Que, zambo ou trenco,
sempre é bo ter un home
para un remedio.

Eu sei dun que cobisa
causa miralo,
lanzaliño de corpo,
roxo e encarnado.
Carniñas de manteiga,
e palabras tan doces
cal mentireiras.

Por él peno de día,
de noche peno,
pensando en sus ojos
color de cielo;
mas él, ya experto,
de amoríos entiende,
de casar algo menos.

Haz, mi San Antonio,
que hasta mí venga
para casar conmigo,
niña soltera
que en dote me han dado
una cuchara de hierro,
cuatro de palo,

un hermano pequeño
que ya tiene dientes,
una vaquita vieja
que no da leche...
¡Ay, mi santiño!:
haz que suceda
como te lo pido.

San Antonio bendito,
dame un hombre,
aunque me mate,
aunque me robe,
que, zambo o renco,
siempre es bueno tener un hombre
para un remedio.

Por el peno de día,
de noite peno,
pensando nos seus ollos
color de ceo;
mais el, xa doito,
de amoriños entende,
de casar pouco.

Facé, meu San Antonio,
que onda min veña
para casar conmigo,
nena solteira
que levo en dote
unha culler de ferro,
catro de boxe,

un irmanciño novo
que xa ten dentes,
unha vaquiña vella
que non dá leite...
¡Ai, meu santiño!:
facé que tal suceda
cal volo pido.

San Antonio bendito,
dádeme un home,
anque me mate,
anque me esfole,
que, zambo ou trenco,
sempre é bo ter un home
para un remedio.

15

Adiós, ríos; adiós, fuentes[10]*;*
adiós, regatos pequeños;
adiós, vista de mis ojos:
no sé cuándo nos veremos.

Tierra mía, tierra mía,
tierra donde me crié,
huerta que quiero tanto
higueras que planté,

prados, ríos, arboledas,
pinares que mueve el viento,
pajarillos piadores,
casiña de mi contento,

molino de los castañares,
noches claras de lunar,
campanitas timbradoras
de la iglesia del lugar,

moras de los zarzales
que yo le daba a mi amor,

---

[10] Es este posiblemente el poema más conocido de Rosalía junto con «Negra sombra». Publicado inicialmente en el periódico *El Museo Universal* el 24 de noviembre de 1861, contenía una estrofa que desaparece en las posteriores ediciones, tanto en el *Álbum de la Caridad* como en la primera de *Cantares gallegos*. Considero, sin embargo, que se trata de una estrofa de suma importancia porque añade una grandísima carga de significado social y de denuncia al conjunto del poema:

15

Adiós, ríos; adiós, fontes;
adiós, regatos pequenos;
adiós, vista dos meus ollos:
non sei cándo nos veremos.

Miña terra, miña terra,
terra donde me eu criei,
hortiña que quero tanto
figueiriñas que prantei,

prados, ríos, arboredas,
pinares que move o vento,
paxariños piadores,
casiña do meu contento,

muíño dos castañares,
noites craras de luar,
campaniñas trimbadoras
da igrexiña do lugar,

amoriñas das silveiras
que eu lle daba ó meu amor,

Por xiadas, por calores,	Con heladas, con calores
desde que amañece o día	desde que amanece el día
dou á terra os meus sudores,	doy a la tierra mis sudores,
mais canto esa terra cría,	mas cuanto esa tierra cría,
todo... todo é dos señores.	todo... todo es de los señores.

caminos en los maizales,
¡adiós, para siempre adiós!

¡Adiós, gloria! ¡Adiós, contento!
¡Dejo la casa donde nací,
dejo la aldea que conozco
por un mundo que no vi!

Dejo amigos por extraños,
dejo la vega por el mar,
dejo, en fin, cuanto bien quiero...
¡Quién pudiera no dejar...!

. . . .

Mas soy pobre y, ¡desgraciado!,
mi tierra no es mía,
que hasta le dan de prestado
la orilla por donde camina
al que nació desdichado.

Tengo, pues, que dejaros,
huerta que tanto amé,
lumbre de mi hogar,
árboles que planté,
fuente del cabañal.

Adiós, adiós, que me marcho,
hierbas del camposanto
donde mi padre se enterró,
hierbas que besé tanto,
tierra que os crio.

camiñiños antre o millo,
¡adiós, para sempre adiós!

¡Adiós, groria! ¡Adiós, contento!
¡Deixo a casa onde nacín,
deixo a aldea que conoso
por un mundo que non vin!

Deixo amigos por estraños,
deixo a veiga polo mar,
deixo, en fin, canto ben quero...
¡Quén pudera no o deixar...!

. . . .

Mais son probe e, ¡mal pecado!,
a miña terra n'é miña,
que hastra lle dan de prestado
a beira por que camiña
ó que naceu desdichado.

Téñovos, pois, que deixar,
hortiña que tanto amei,
fogueiriña do meu lar,
arboriños que prantei,
fontiña do cabañar.

Adiós, adiós, que me vou,
herbiñas do camposanto
donde meu pai se enterrou,
herbiñas que biquei tanto,
terriña que vos criou.

Adiós, Virgen de la Asunción,
blanca como un serafín:
os llevo en el corazón;
pedidle a Dios por mí,
mi Virgen de la Asunción.

Ya se oyen lejos, muy lejos,
las campanas del Pomar;
para mí, ¡ay!, infeliz,
nunca más han de tocar.

Ya se oyen lejos, más lejos...
Cada campanada es un dolor;
me voy solo, sin amparo...
Tierra mía, ¡adiós!, ¡adiós!

¡Adiós también, queridiña...!
¡Adiós por siempre quizá...!
Te digo este adiós llorando
desde la orilla del mar.

No me olvides, queridiña,
si muero de soledad
tantas leguas mar adentro...
¡Mi casiña!, ¡mi hogar!

17

*Airiños, airiños aires,
airiños de mi tierra;
airiños, airiños aires,
airiños, llevadme a ella.*

Adiós, Virxe da Asunción,
branca como un serafín:
lévovos no corasón;
pedídelle a Dios por min,
miña Virxe da Asunción.

Xa se oien lonxe, moi lonxe,
as campanas do Pomar;
para min, ¡ai!, coitadiño,
nunca máis han de tocar.

Xa se oien lonxe, máis lonxe...
Cada balada é un dolor;
voume soio, sin arrimo...
Miña terra, ¡adiós!, ¡adiós!

¡Adiós tamén, queridiña...!
¡Adiós por sempre quizáis...!
Dígoche este adiós chorando
desde a beiriña do mar.

Non me olvides, queridiña,
si morro de soidás
tantas légoas mar adentro...
¡Miña casiña!, ¡meu lar!

17

Airiños, airiños aires,
airiños da miña terra;
airiños, airiños aires,
airiños, levaime a ela.

Sin ella vivir no puedo,
no puedo vivir contenta;
que adonde quiera que vaya,
me cubre una sombra espesa.
Me cubre una espesa nube,
tan preñada de tormentas,
tan de soledad preñada,
que mi vida envenena.
Llevadme, llevadme, airiños,
como a una hoja seca,
que seca también me puso
la calentura que quema.
¡Ay!, si no me lleváis pronto,
airiños de mi tierra,
si no me lleváis, airiños,
quizá ya no me conozcan,
que la fiebre que me come,
me va consumiendo lenta,
y en mi corazoncito
también traidora se ceba.

Fui en otro tiempo encarnada
como color de cereza;
estoy hoy descolorida
como cirio de la iglesia,
como si una meiga chuchona[11]
mi sangre bebiera.
Me voy quedando marchita
como una rosa que inverna;

---

[11] *Meiga chuchona*: tipo de meiga o bruja que chupa la energía y la vitalidad de sus víctimas. *(Gran Enciclopedia Gallega)*

Sin ela vivir non podo,
non podo vivir contenta;
que adonde queira que vaia,
cróbeme unha sombra espesa.
Cróbeme unha espesa nube,
tal preñada de tormentas,
tal de soidás preñada,
que a miña vida envenena.
Levaime, levaime, airiños,
como unha folliña seca,
que seca tamén me puxo
a callentura que queima.
¡Ai!, si non me levás pronto,
airiños da miña terra,
si non me levás, airiños,
quisais xa non me conesan,
que a frebe que de min come,
vaime consumindo lenta,
e no meu corazonciño
tamén traidora se ceiba.

Fun noutro tempo encarnada
como a color de sireixa;
son hoxe descolorida
como os cirios das igrexas,
cal si unha meiga chuchona
a miña sangre bebera.
Voume quedando muchiña
como unha rosa que inverna;

me voy sin fuerzas quedando,
me voy quedando morena,
como una morita mora,
hija de mora ralea.

Llevadme, llevadme, airiños,
llevadme a donde me esperan
una madre que por mí llora,
un padre que sin mí no alienta,
un hermano por quien daría
la sangre de mis venas,
y un amor a quien alma
y vida le prometiera.
Si pronto no me lleváis,
¡ay!, moriré de tristeza,
sola en una tierra extraña,
donde extraña me consideran,
donde todo cuanto miro
todo me dice: «¡Extranjera!».

¡Ay, mi pobre casiña!
¡Ay, mi vaca bermeja!
Corderos que baláis en los montes,
palomas que arrulláis en las eras,
mozos que aturuxáis[12] bailando,
redoble de las castañuelas,
xas-co-rras-chás[13] de las conchas,

---

[12] *Aturuxar*: emitir aturuxos, o gritos festivos de contento cuando se está de fiesta o de farra. *(G.D.X.L.)*

[13] *Xas-co-rras-chás*: esta expresión, así como xurre-xurre, es una sonora onomatopeya del sonido de los instrumentos a los que alude el

voume sin forzas quedando,
voume quedando morena,
cal unha mouriña moura,
filla de moura ralea.

   Levaime, levaime, airiños,
levaime a donde me esperan
unha nai que por min chora,
un pai que sin min n'alenta,
un irmán por quen daría
a sangre das miñas venas,
e un amoriño a quen alma
e vida lle prometera.
Si pronto non me levades,
¡ai!, morrerei de tristeza,
soia nunha terra estraña,
donde estraña me alomean,
donde todo canto miro
todo me dice: «¡Estranxeira!».

   ¡Ai, miña probe casiña!
¡Ai, miña vaca bermella!
Años que balás nos montes,
pombas que arrulás nas eiras,
mozos que atruxás bailando,
redobre das castañetas,
xas-co-rras-chás das cunchiñas,

---

poema: las conchas y las panderetas. La inclusión de estas figuras de fuertes musicalidades resulta arriesgada e innovadora para una época marcada todavía por la lírica lánguida y esteticista del Romanticismo y revela un agudo sentido del ritmo en Rosalía.

xurre-xurre de las panderetas,
tambor del tamborileiro,
gaitiña, gaita gallega,
ya no me alegrarás diciendo:
«¡Muñeira, muñeira!».
¡Ay, quién fuera pajarillo
de leves alas ligeras!
¡Ay, con qué prisa volara,
loquita de tan contenta,
para cantar la alborada
en los campos de mi tierra!

Ahora mismo partiría,
partiría como una flecha,
sin miedo a las sombras de la noche,
sin miedo a la noche negra;
y que lloviera o ventara,
y que ventara o lloviera,
volaría y volaría
hasta que alcanzase a verla.
Pero no soy pajarillo
e iré muriendo de pena,
ya en lágrimas convertida,
ya en suspiros deshecha.

Dulces galleguiños aires,
quitadores de las penas,
encantadores de las aguas,
amantes de las arboledas,
música de las verdes cañas
del maíz de nuestras vegas,
alegres compañeros,

xurre-xurre das pandeiras,
tambor do tamborileiro,
gaitiña, gaita gallega,
xa non me alegrás dicindo:
«¡Muiñeira, muiñeira!».
¡Ai, quén fora paxariño
de leves alas lixeiras!
¡Ai, con qué prisa voara,
toliña de tan contenta,
para cantar a alborada
nos campos da miña terra!

Agora mesmo partira,
partira como unha frecha,
sin medo ás sombras da noite,
sin medo da noite negra;
e que chovera ou ventara,
e que ventara ou chovera,
voaría e voaría
hastra que alcansase a vela.
Pero non son paxariño
e irei morrendo de pena,
xa en lágrimas convertida,
xa en suspiriños desfeita.

Doces galleguiños aires,
quitadoiriños de penas,
encantadores das auguas,
amantes das arboredas,
música das verdes canas
do millo das nosas veigas,
alegres compañeiriños,

run-run de todas las fiestas,
llevadme en vuestras alas
como una hoja seca.
No permitáis que aquí muera,
airiños de mi tierra,
que pienso que aun muerta
he de suspirar por ella.
Incluso pienso, airiños aires,
que después de que esté muerta,
y allá por el camposanto
donde enterrada me tengan,
pasaréis en la callada noche
rugiendo entre las hojas secas,
o murmurando medrosos
entre las blancas calaveras;
aun después de muerta,
airiños de mi tierra,
he de gritaros: «¡Airiños,
airiños, llevadme a ella!».

21

No te digo nada...[14]
Pero ¡vaya!

---

[14] En esencia, este poema es una especie de letrilla satírica que recuerda a las cantigas de escarnio medievales de la lírica galaico-portuguesa o, también, a los serventeses morales. El refrán que se repite

run-run de tódalas festas,
levaime nas vosas alas
como unha folliña seca.
Non permitás que aquí morra,
airiños da miña terra,
que aínda penso que de morta
hei de sospirar por ela.
Aínda penso, airiños aires,
que dimpois que morta sea,
e aló polo camposanto
donde enterrada me teñan,
pasés na calada noite
runxindo antre a folla seca,
ou murmuxando medrosos
antre as brancas calaveras;
inda dimpois de mortiña,
airiños da miña terra,
heivos de berrar: «¡Airiños,
airiños, levaime a ela!».

21

Non che digo nada...
Pero ¡vaia!

---

al final de cada estrofa tiene como principal función recoger y revelar el sentido crítico y burlón de esta «cantiga».

I

Pasan en esta vida
cosas tan extrañas,
se ven tan raros hechos
en este mundo de trampa;
tantos milagros viejos,
tan nuevas enseñanzas,
y tan revoltosos ajos
con nombre de ensaladas,
que no te digo nada...
Pero ¡vaya!

Mocita bien vestida,
mocita bien calzada,
que tiene ropa de diario,
que tiene ropa de gala;
mocita que bien huelga,
mocita que anda maja,
y es pobre, desgraciada,
como una triste araña,
no te digo nada...
Pero ¡vaya!

Te veo allá entre el maíz,
te veo allá entre las brañas[15],
ya en el pinar espeso,
ya en la orillita mansa
del río que corriendo

---

[15] *Brañas*: pasto o prado situado en los lugares altos de las montañas cantábricas. *(D.R.A.E.)*

I

Pasan naquesta vida
cousiñas tan estrañas,
tan raros feitos vense
neste mundo de trampa;
tantos milagres vellos,
tan novas insinanzas,
e tan revoltosos allos
con nome de ensaladas,
que non che digo nada...
Pero ¡vaia!

Meniña ben vestida,
meniña ben calzada,
que ten roupa de cote,
que ten roupa de garda;
meniña que ben folga,
meniña que anda maja,
i é probe, malpecado,
como unha triste araña,
non che digo nada,
Pero ¡vaia!

Véxote aló antre os millos,
véxote aló nas brañas,
xa no pinar espeso,
xa na beiriña mansa
do río que correndo

va entre las verdes cañas,
y juras que estás sola,
que nadie te acompaña...
No te digo nada...
Pero ¡vaya!

Casada casadiña,
que gustas de la charla
que bailas con las solteras
en las fiestas y las parrandas,
que tienes risa en la boca
y con los ojos hablas,
y que al hablar con ellos
parece que te saltan,
no te digo nada...
Pero ¡vaya!

Cuando mirar te miro
tan limpia y tan repeinada,
luchar con los mozos
hasta que en ti se hartan
y vienes después jurando
que eres mujer sin tacha,
y que las demás no tienen
contigo comparanza,
no te digo nada...
Pero ¡vaya!

Y tú, rubia rubita,
modesta y recatada
que hablas tan suavecito
que tan suavecito andas,

vai antre as verdes canas,
e xuras que estás soia,
que naide te acompaña...
Non che digo nada...
Pero ¡vaia!

   Casada casadiña,
que gustas ser falada,
que bailas cas solteiras
nas festas e ruadas,
que tes na boca a risa
e que cos ollos falas,
e que ao falar con eles
parece que che saltan,
non che digo nada...
Pero ¡vaia!

   Cando mirar te miro
tan limpa e tan peinada,
loitar cos rapaciños
hastra que en ti se fartan
e ves dimpois xurando
que eres muller sin chata,
e dis que as máis non teñen
contigo comparanza,
non che digo nada...
Pero ¡vaia!

   E ti, roxa roxiña,
modesta e recatada
que falas tan mainiño
que tan mainiño andas,

que a los pies de los hombres miras
para no verles la cara,
y haces que no entiendes
cuando de amor te hablan,
no te digo nada...
Pero ¡vaya!

Vas por la mañanita
a misa con las beatas;
después... (por qué, tú lo sabes)
de ellas sola te apartas;
y si en el sendero,
junto a la verde parra,
no sé con qué compañías
te paras o no te paras,
no te digo nada...
Pero ¡vaya!

Y tú, rapaz gallardo,
de tan melosas hablas,
tan majo de montera,
tan rico de polainas,
tan fino de calzado
y de manos hidalgas,
cuando me dices que te gusta
trabajar en la majada[16],
no te digo nada...
Pero ¡vaya!

---

[16] *Majada*: lugar donde se recoge de noche el ganado y se albergan los pastores. *(D.R.A.E.)*

que ós pes dos homes miras
para non verlle a cara,
e fas que non entendes
cando de amor che falan,
non che digo nada...
Pero ¡vaia!

Vas pola mañanciña
a misa cas beatas;
dempois... (por qué, ti o sabes)
de xunta delas largas;
e si na corredoira,
xunto da verde parra,
non sei con qué xentiña,
páraste ou non te paras,
non che digo nada...
Pero ¡vaia!

E ti, rapás garrido,
de tan melosas falas,
tan majo de monteira,
tan rico de polainas,
tan fino de calzado
como de mans fidalgas,
cando me dis que gustas
de traballar na braña,
non che digo nada...
Pero ¡vaia!

Tú hablarás de amores
cositas muy bien habladas;
tú lucharás con las mozas
como ninguno luchara;
tú beberás el mosto
hasta quedar sin habla;
pero con tus sudores
mojar la tierra ingrata...
No te digo nada...
Pero ¡vaya!

Mas tantas cosas veo
que me parecen trampa;
tanto sol entre nubes,
y tan revueltas aguas
que parecerse intentan
a una fuente clara,
que por no perder tiempo
donde no gano nada,
no te digo nada...
Pero ¡vaya!

II

Pasan en esta vida
cosas tan extrañas,
se ven tan raros hechos
en este mundo de trampa;
tantos milagros viejos,
tan nuevas enseñanzas,
y tan revueltos ajos

Ti falarás de amores
cousiñas ben faladas;
ti loitarás cas nenas
como ningún loitara;
ti beberás do mosto
hastra quedar sin fala;
pero cos teus sudores
mollar a terra ingrata...
Non che digo nada...
Pero ¡vaia!

Mais tantas cousas vexo
que me parecen trampa;
tanto sol entre nubes,
e tan revoltas auguas
que asemellarse intentan
a unha fontiña crara,
que por non perder tempo
donde non quito racha,
non che digo nada...
Pero ¡vaia!

II

Pasan naquesta vida
cousiñas tan estrañas,
tan raros feitos vense
neste mundo de trampa;
tantos milagres vellos,
tan novas insinanzas,
e tan revoltos allos

con nombre de ensaladas,
que no te digo nada...
Pero ¡vaya!

Y que algo aprendiera,
triste de mí, pensaba;
y que a experiencia neta
nadie me iba en pujanza
por tener en la frente arrugas
y tener canas blancas,
cuando hay hoy unos mozos
mismo desde que maman,
que no te digo nada...
Pero ¡vaya!

Ya no te vale, Farruco,
que vivas en concordancia
con los años pensadores
ni con la experiencia calva,
ni que ojo alerta vivas
como la cordura manda;
que donde menos lo piensas
tamaña liebre salta
que no te digo nada...
Pero ¡vaya!

Ya siendo noche oscura
te dicen que es noche clara;
ya estando el mar sereno
te dicen que hace borrasca,
y tanto te confunden,
y tanto te acobardan,

con nome de ensaladas,
que non che digo nada...
Pero ¡vaia!

  E que algo deprendera,
triste de min coidaba;
e que a esperencia neta
ninguén me iba en puxanza
por ter na frente enrugas
e tener caniñas brancas,
cando hai hoxe uns mociños
mesmo dende que maman,
que non che digo nada...
Pero ¡vaia!

  Xa non che val, Farruco,
que vivas en compaña
dos anos pensadores
nin da esperencia calva,
nin que ollo alerta vivas
como a cordura manda;
que donde menos penses
tamaña lebre salta
que non che digo nada...
Pero ¡vaia!

  Xa sendo noite oscura
dinche que é noite crara;
xa estando o mar sereno
che din que fai borrasca,
e tanto te confunden,
e tanto te acobardan,

que aunque hablar quisieras
tal como Dios te manda,
no te digo nada...
Pero ¡vaya!

Si eres francés, viejito mío,
si eres de la lejana Australia,
si allá del sol bajaste
o de las estrellas pálidas,
con seria gravedad
quizá te preguntaran,
y tú, todo pasmado,
callado murmuraras:
No te digo nada...
Pero ¡vaya!

Por eso, viejito mío,
si de estudiar no tratas
la ciencia de estos tiempos,
que es como el agua clara,
aunque con la ceniza
también tiene comparanza,
que en esto la ciencia estriba,
y en tener distintas caras,
no te digo nada...
Pero ¡vaya!

Sin entender ni jota,
verás qué bien se apañan
honrados y sin honra,
rameras y beatas;
verás cómo se juntan,

que anque falar quixeras
tal coma Dios che manda,
non che digo nada...
Pero ¡vaia!

Si eres francés, meu vello,
si eres da lonxe Australia,
si aló do sol baixaches
ou das estrelas pálidas,
con seria gravedade
quisáis che perguntaran,
e ti, pasmado todo,
calado mormuraras:
Non che digo nada...
Pero ¡vaia!

Por eso, meu velliño,
si de estudiar non tratas
a cencia destos tempos,
que é como el augua crara,
anque ca parromeira
tamén ten comparanza,
que nesto a cencia estriba,
i en ter distintas caras,
non che digo nada...
Pero ¡vaia!

Sin entender un ele,
verás qué ben se amañan
honrados e sin honra,
rameiras e beatas;
verás cómo se axuntan,

verás cómo se tratan,
mientras que tú murmuras
con la lengua de una cuarta.
No te digo nada...
Pero ¡vaya!

Verás color de cereza
a quien fue color de esmeralda,
y aquellos tan azules
que sangre azul manaban,
manar sangre bermeja
por la moderna usanza;
y esto con tal gracia
y con fachenda[17] tanta,
que no te digo nada...
Pero ¡vaya!

Verás qué revolturas,
qué ricas contradanzas,
qué gaitas con salterio,
qué pífanos con arpas,
qué dengues encarnados
con mantillitas blancas,
farfulla que farfulla
en confusión tan varia,
que no te digo nada...
Pero ¡vaya!

Tú pensarás que esto
es todo una carnavalada;

---

[17] *Fachenda*: vanidad, jactancia. *(D.R.A.E.)*

verás cómo se tratan,
mentras que ti marmuras
ca lengua dunha coarta.
Non che digo nada...
Pero ¡vaia!

Verás cor de sireixa
quen foi cor de esmeralda,
i aqueles tan azúes
que sangre azul manaban,
manar sangre bermella
pola moderna usanza;
i esto con tal chistura
e con fachenda tanta,
que non che digo nada...
Pero ¡vaia!

Verás qué revolturas,
qué ricas contradanzas,
qué gaitas con salterio,
qué pífanos con arpas,
qué dengues encarnados
con mantilliñas brancas,
chapurra que chapurra
en confusión tan várea,
que non che digo nada...
Pero ¡vaia!

Ti pensarás que aquesto
é todo unha antroidada;

que aquí una levita sobra
y una chaqueta falta;
que allí se comen liebres
en vez de calabazas,
y tocan flautas donde
deben tocar campanas...
Mas no te digo nada...
Pero ¡vaya!

Aprende, viejito mío,
la ciencia bien amada,
que sabiamente enseña
tan rica mezcolanza,
si quieres ser sabio
en cosas tan extrañas,
pues entre tantas novedades
las costumbres rancias...
No te digo nada...
Pero ¡vaya!

22

Mas al que bien quiso un día[18]*,*
si a querer tiene afición,
siempre le queda una pena
dentro del corazón.

---

[18] Rosalía muestra en este poema estructurado en redondillas cruzadas su concepción del amor como algo doloroso, que lastima, por el que siempre se acaba pagando un amargo precio y se pena una vez se

que aquí un levita sobra
i unha chaqueta falta;
que alí se comen lebres
en vez de calabazas,
e tocan frautas donde
deben tocar campanas...
Mais non che digo nada...
Pero ¡vaia!

Deprende, meu velliño,
a cencia ben amada,
que saibamente insina
tan rica misturanza,
si queres ser sabido
en cousas tan estrañas,
pois antre tantas novas
as costumiñas rancias...
Non che digo nada...
Pero ¡vaia!

22

Mais ó que ben quixo un día,
si a querer ten afición,
sempre lle queda unha mágoa
dentro do seu corasón.

---

ha consumido. Sin embargo, como novedad, quien siente esto en este poema es un hombre que, al modo romántico, ve en el paisaje que le rodea un reflejo de sus oscuros sentimientos.

I

Allá en las tardes serenas,
allá en las tardes calladas,
se hacen más duras las penas
que en las blandas alboradas.

Allá en las tardes sombrías,
allá en las tardes oscuras,
se hacen más cortas las risas,
más negras las desventuras.

Que no hay tarde tranquila
para quien remordimientos guarda,
y más presto se aniquila
cuanto más a la noche aguarda.

II

Bien sé yo de estos secretos
que se esconden en las entrañas,
que rebullen siempre inquietos
bajo mil formas extrañas.

Bien sé yo de estos tormentos
que consumen o devoran,
que hacen gemir a los vientos,
que muerden cuando lloran.

. . . .

I

Aló nas tardes serenas,
aló nas tardes caladas,
fanse máis duras as penas
que nas brandas alboradas.

Aló nas tardes sombrisas,
aló nas tardes escuras,
fanse máis cortas as risas,
máis negras as desventuras.

Que non hai sera tranquila
para quen remorosos garda,
e máis presto se aniquila
canto máis á noite agarda.

II

Eu ben sei destos secretos
que se esconden nas entrañas,
que rebolen sempre inquietos
baixo mil formas estrañas.

Eu ben sei destes tormentos
que consomen e devoran,
dos que fan xemer os ventos,
dos que morden cando choran.

. . . .

Y aunque ahora sonriendo canto,
aunque ahora canto con brío,
tanto lloré, lloré tanto
como las aguas de un río.

Tuve en pasados días
hondas penas y pesares,
y lloré lágrimas tan frías
como las aguas de los mares.

Tuve tan hondos amores
y tan hondas amarguras,
que eran fuente de dolores
nacida entre peñas duras.

III

Ahora río, ahora contento
voy por las eras cantando,
viendo de dónde viene el viento[19]
cuando voy con el ganado.

Ahora con calma serena
duermo junto a los regatos,
duermo junto a las riberas,
duermo en los montes más altos.

---

[19] Otra demostración de su gusto por los juegos de palabras que incluyen sonoras aliteraciones, aquí a base de ululantes uves.

I anque ora sorrindo canto,
anque ora canto con brío,
tanto chorei, chorei tanto
como as auguiñas dun río.

Tiven en pasados días
fondas penas e pesares,
e chorei bágoas tan frías
como as auguiñas dos mares.

Tiven tan fondos amores
e tan fondas amarguras,
que eran fonte de dolores
nacida entre penas duras.

III

Ora río, ora contento
vou polas eiras cantando,
vendo de onda ven o vento
cando vou levar o gando.

Ora con grande sosiego
durmo na beira das fontes,
durmo na beira dos regos,
durmo na punta dos montes.

Mas al que bien quiso un día,
si a querer tiene afición,
siempre le queda una pena
dentro del corazón.

28

Castellanos de Castilla[20]
tratad bien a los gallegos;
cuando van, van como rosas;
cuando vuelven, vuelven como negros.

—Cuando fue, iba sonriendo;
cuando vino, venía muriendo;
el que ilumina mis ojos,
el amante de mi pecho.

Aquel más que la nieve blanco,
aquel de dulzuras lleno,
aquel por quien yo vivía
y sin quien vivir no quiero.

---

[20] En este poema, una moza enamorada se lamenta amargamente del trato que los castellanos dan a los segadores gallegos, entre ellos a su amado. El texto contiene una fiera defensa de aquellos que deben humillarse y soportar vejaciones y desprecios con tal de sobrevivir. En otro poema de *Cantares gallegos* no incluido en esta antología («Cas-

*Mais ó que ben quixo un día,
si a querer ten afición,
sempre lle queda unha mágoa
dentro do seu corasón.*

28

*Castellanos de Castilla
tratade ben ós gallegos;
cando van, van como rosas;
cando vén, vén como negros.*

—Cando foi, iba sorrindo;
cando veu, viña morrendo;
a luciña dos meus ollos,
o amantiño do meu peito.

Aquel máis que neve branco,
aquel de dosuras cheio,
aquel por quen eu vivía
e sin quen vivir non quero.

---

tellana de Castilla») es también una moza gallega empleada como criada la que desahoga su rencor hacia su señora, una hidalga castellana que la trata con desprecio, burlas, displicentes miradas y, en fin, humillaciones que desatan, en la pluma de Rosalía, un airado sentido de la justicia social.

Fue a Castilla por pan,
y jaramagos[21] le dieron;
le dieron hiel por bebida,
penas por alimento.

Le dieron, en fin, cuanto amargo
tiene la vida en su seno...
¡Castellanos, castellanos,
tenéis corazón de hierro!

¡Ay!, en mi corazón
ya no puede haber contento,
que está de dolor herido,
que está de luto cubierto.

Murió aquel que yo quería,
y para mí no hay consuelo:
solo hay para mí, Castilla,
la mala ley que te tengo.

Permita Dios, castellanos,
castellanos que aborrezco,
que antes los gallegos mueran
que ir a pediros sustento.

Pues tan mal corazón tenéis,
secos hijos del desierto,

---

[21] *Jaramagos*: planta herbácea de la familia de las Crucíferas, con tallo enhiesto de seis a ocho decímetros, y ramoso desde la base, hojas grandes, ásperas, arrugadas, partidas en lóbulos obtusos y algo dentados,

Foi a Castilla por pan,
e saramagos lle deron;
déronlle fel por bebida,
peniñas por alimento.

Déronlle, en fin, canto amargo
ten a vida no seu seo...
¡Castellanos, castellanos,
tendes corazón de ferro!

¡Ai!, no meu corazonciño
xa non pode haber contento,
que está de dolor ferido,
que está de loito cuberto.

Morreu aquel que eu quería,
e para min n'hai consuelo:
sólo hai para min, Castilla,
a mala lei que che teño.

Premita Dios, castellanos,
castellanos que aborreso,
que antes os gallegos morran
que ir a pedirvos sustento.

Pois tan mal corazón tendes,
secos fillos do deserto,

---

flores amarillas, pequeñas, en espigas terminales muy largas, y fruto en vainillas delgadas, casi cilíndricas, torcidas por la punta y con muchas semillas. Es muy común entre los escombros. *(D.R.A.E.)*

que si amargo pan os ganan,
se lo dais envuelto en veneno.

Allá van, desamparados,
todos de esperanzas llenos,
y vuelven, ¡ay!, sin ventura,
con un caudal de desprecios.

Van pobres y vuelven pobres,
van sanos y vuelven enfermos,
que aunque ellos son como rosas,
los tratáis como a negros.

¡Castellanos de Castilla,
tenéis corazón de acero,
alma como las duras peñas,
y sin entrañas el pecho!

En tronos de paja sentados,
sin fundamentos, soberbios,
pensáis que nuestros hijos
para serviros nacieron.

Y nunca tan torpe idea,
tan criminal pensamiento
cupo en más fatuas cabezas
ni en más fatuos sentimientos.

Que Castilla y castellanos,
todos en un montón revueltos,
no valen lo que una brizna
de nuestros campos frescos.

que si amargo pan vos ganan,
dádesllo envolto en veneno.

Aló van, malpocadiños,
todos de esperanzas cheios,
e volven, ¡ai!, sin ventura,
con un caudal de despresos.

Van probes e tornan probes,
van sans e tornan enfermos,
que anque eles son como rosas,
tratádelos como negros.

¡Castellanos de Castilla,
tendes corazón de aceiro,
alma como as penas dura,
e sin entrañas o peito!

En trós de palla sentados,
sin fundamentos, soberbos,
pensás que os nosos filliños
para servivos naceron.

E nunca tan torpe idea,
tan criminal pensamento
coupo en máis fatuas cabezas
ni en máis fatuos sentimentos.

Que Castilla e castellanos,
todos nun montón a eito,
non valen o que unha herbiña
destes nosos campos frescos.

Solo ponzoñosas charcas
derretidas en el ardiente suelo,
tienes, Castilla, que humedezcan
esos tus labios sedientos.

Que el mar te dejó olvidada
y lejos de ti corrieron
las blandas aguas que traen
de plantas cien semilleros.

Ni árboles que te den sombra,
ni sombra que preste aliento...
Llanura y siempre llanura,
desierto y siempre desierto...

Esto te tocó, desdichada,
por herencia en el universo;
¡miserable fanfarrona...!,
triste herencia fue por cierto.

En verdad no hay, Castilla,
nada como tú tan feo,
que incluso mejor que Castilla
valiera decir infierno.

¿Por qué allí fuiste, mi bien?
¡nunca tal hubieras hecho!
¡Cambiar campos floridos
por tristes campos sin riego!

¡Cambiar tan claras fuentes,
ríos tan murmuraderos

Sólo pesoñosas charcas
detidas no ardente suelo,
tes, Castilla, que humedezan
esos teus labios sedentos.

Que o mar deixoute olvidada
e lonxe de ti correron
as brandas auguas que traen
de prantas cen semilleiros.

Nin arbres que che den sombra,
nin sombra que preste alento...
Llanura e sempre llanura,
deserto e sempre deserto...

Esto che tocou, coitada,
por herencia no universo;
¡miserable fanfarrona...!,
triste herensia foi por certo.

En verdad non hai, Castilla,
nada como ti tan feio,
que aínda mellor que Castilla
valera decir inferno.

¿Por qué aló foches, meu ben?
¡nunca tal houberas feito!
¡Trocar campiños frolidos
por tristes campos sin rego!

¡Trocar tan craras fontiñas,
ríos tan murmuradeiros

por seco polvo que nunca
mojan las lágrimas del cielo!

   Mas, ¡ay!, de mi lado te fuiste
sin dolor de mis sentimientos,
y allí la vida te quitaron,
allí la muerte te dieron.

   Moriste, mi queridiño,
y para mí no hay consuelo,
que donde antes te veía, ahora
ya solo una tumba veo.

   Triste como la misma noche,
harto de dolor el pecho,
le pido a Dios que me mate,
porque ya vivir no quiero.

   Mas en tanto no me mata,
castellanos que aborrezco,
he, para vergüenza vuestra,
he de cantaros gimiendo:

   ¡Castellanos de Castilla
tratad bien a los gallegos;
cuando van, van como rosas;
cuando vuelven, vuelven como negros!

por seco polvo que nunca
mollan as bágoas do ceo!

   Mais, ¡ai!, de onde a min te foches
sin dor do meu sentimento,
i aló a vida che quitaron,
aló a mortiña che deron.

   Morreches, meu quiridiño,
e para min n'hai consuelo,
que onde antes te vía, agora
xa sólo unha tomba vexo.

   Triste como a mesma noite,
farto de dolor o peito,
pídolle a Dios que me mate,
porque xa vivir non quero.

   Mais en tanto non me mata,
castellanos que aborreso,
hei, para vergonza vosa,
heivos de cantar xemendo:

   ¡Castellanos de Castilla
tratade ben ós gallegos;
cando van, van como rosas;
cando vén, vén como negros!

30

I

—Vente, rapaza[22],
vente, miniña,
a lavar vente
en el pilón de la fuente.

Vente, Minguiño,
Minguiño, vente;
te daré si no
por el demonio del diente.

¡Qué agua tan limpia!
¡Qué rica frescura!
Vente a lavar,
que es un primor, criatura.

Válganos Dios,
que si agua no hubiera,
barro este cuerpo
mortal se volviera.

Venid a lavaros,
andad ligeritos,
la cara primero,
después los piececitos.

---

[22] El ritmo original de este poema, su musicalidad en gallego, hábilmente sincopada, sus estrofas de cuatro versos muy breves y su temá-

30

I

—Vente, rapasa,
vente, miniña,
vente a lavar
no pilón da fontiña.

Vente, Minguiño,
Minguiño, vente;
douche sinón
polo demo do dente.

¡Qué augua tan limpa!
¡Qué rica frescura!
Vente a lavar,
que é un primor, criatura.

Válganos Dios,
que si augiña n'houbera,
lama este corpo
mortal se volvera.

Vinde a lavarvos,
andá lixeiriños,
a cara pirmeiro,
dimpois os peíños.

---

tica, marcadamente popular, guardan una evidente similitud con uno de los tipos más populares de muñeira.

¡Ay!, ¡qué miniña!
¡Qué nena preciosa!
Después de lavada
parece una rosa.

Y este miniño
que en el regazo apoyo,
después de lavado
parece un repollo.

¡Ay!, ¡qué tan cuco!
¡Ay!, ¡qué bendito!
Ven a mis brazos,
te daré un besito.

¡Ojitos de gloria!
¡Carita de meiga!
¡Abrázame bien,
corazón de manteca!

Corre, corre
a que Antona te peine;
corre, y te dará
una taza de leche.

Corre, corre,
a tu padre, Mariquiña,
que come cebolla
con pan y sardina.

¡Ai!, ¡qué miniña!
¡Qué nena preciosa!
Dempois de lavada
parese unha rosa.

I este miniño
que teño no colo,
dempois de lavado
parece un repolo.

¡Ai!, ¡qué tan cuco!
¡Ai!, ¡qué santiño!
Ven ós meus brazos,
dareiche un biquiño.

¡Olliños de groria!
¡Cariña de meiga!
¡Apértame ben,
corasón de manteiga!

Corre, corre
a que Antona de peite;
corre, daráche
unha cunca de leite.

Corre, corre,
a teu pai, Mariquiña,
que come cebola
con pan e sardiña.

II

—¡Válgate Dios,
que aún los higos están duros!
¡Pero qué hartura
estando maduros!

Él, y también yo,
y la comadre de abajo
vamos a tener
que ensanchar el refajo.

Rica higuera,
que Dios te bendiga,
que vas, en verdad,
a hartarme la barriga.

—¡Hei!, el de los huevos
que vas de camino,
¿cuántas docenas
encontraste en el nido?

—¡Una nada más!
¡No me tengo con la risa!
Ese es un cuento
que va para misa.

Dame acá seis,
y una fritura te haría,
que al mismo rey
que envidiar le daría.

II

—¡Válgate Dios,
que inda os figos son duros!
¡Mais qué fartiña
en estando maduros!

El e máis eu
i a comadre de abaixo
hemos de ter
que alargar o refaixo.

Rica figueira,
que Dios te bendiga,
que hasme, abofé,
de fartar a barriga.

—¡Jei!, o dos ovos
que vas de camiño,
¿cántas duciñas
topache no niño?

—¡Unha nomais!
¡No me teño ca risa!
Ése éche un conto
que vai para a misa.

Dame acá seis,
que un fricol che faría,
que ó mesmo rei
que envidiar lle daría.

Ya que no quieres,
ojalá te sorprenda
un viento rebelde
cuando traigas la hierba.

III

—¡Empuja, empuja,
Xan, a la burra!
Mira que Pedro
la perra te azuza.

¡Ay, desdichada
de mí que la veo
hincarle el colmillo
en el triste pellejo!

¡Diantre de Xan,
que no corre ni atiende!
Bien haya, amén,
quien los huesos te quiebre.

¡Churras![23], ¡churras!
¡Churriñas!, ¡churras!
Cas-qui-tó[24],
que asustáis a las burras.

---

[23] *Churras*: gallinas. Es una forma tan común en Galicia y en el habla castellana de los gallegos, que consideramos no debe ser traducida, pues quedaría forzada, perdería su sentido natural.

Xa que non qués,
no camiño che colla
vento de vira
cun saco de molla.

III

—¡Turra, turra,
Xan, pola burra!
Mira que Pedro
a cadela che apurra.

¡Ai, desdichada
de min que a vexo
fincarche o colmillo
no triste pelexo!

¡Diancre de Xan,
que non corre nin toa!
Ben haia, amén,
quen os osos che roa.

¡Churras!, ¡churras!
¡Churriñas!, ¡churras!
Cas-qui-tó,
que escorréntalas burras.

---

24 *Cas-qui-tó*: onomatopeya que refleja de nuevo un original sentido de la musicalidad de las palabras. Se trata, en este caso, de un sonido intraducible que semeja las palmadas o chasquidos que se dan para espantar a las gallinas.

Pica, pica,
sura[25], paloma,
llévale un grano
a tu hijo en la boca.

Vete, perro,
a ladrar al pajar,
¡parece que te gusta
su sucio apestar!

¡Vaya con el perro,
que el pescado saborea!
Bien que a tu dueño
el dinero le cuesta.

¡Gachí![26], ¡gachí!
¡Qué demonio de gato!
¡Cómo se harta
de la salsa del plato!

¡Así revientes,
goloso rabudo!
¡Que así en la garganta
te aprieten un nudo!

Cornea, carnero,
al gato sin rabo
hasta dejarlo
por completo pelado.

---

[25] *Sura*: voz para llamar a las palomas. *(G.D.X.L.)*

[26] *Gachí*: onomatopeya. Como puede apreciarse, es este un poema no ya popular, sino con un ritmo y una sonoridad alegre y desenfada-

Pica, pica,
suriña, pica,
lévalle un gran
ó teu fillo na bica.

Marcha, can,
a ladrar ó palleiro,
¡sei que che agrada
o demoro do cheiro!

¡Vaiche co can,
que o peixiño lle gusta!
Mais a teu dono
o diñeiro lle custa.

¡Gachi!, ¡gachi!
¡Qué dencho de gato!
¡Cómo se farta
no prebe do prato!

¡Inda reventes,
larpeiro rabudo!
¡Que inda na gorxa
che aperten un nudo!

Truca, perico,
no gato rabelo
hastra deixalo
quedar sin un pelo.

---

da que se acerca a todos y cada uno de los sonidos de una casa de campo gallega, desde la vida familiar al gallinero.

Que yo, si otra vez
el camino me atranca,
he de romperle
en el lomo una tranca.

¡Malo de aquel
que no sabe de misa,
ni entra en la iglesia
ni gasta camisa!

¡Ay, qué gallina
saltó el cercado!
¡Parece que quiere venir
a comer de prestado!

Fuera de ahí,
gallina maldita,
fuera de ahí,
no me mates la pita[27].

Fuera de ahí,
gallina ladrona,
vete de ahí
a casa de tu señora.

---

[27] *Pita*: gallina. *(D.R.A.E.)*

Que eu, si outra vez
o camiño me atranca,
hei de romperlle
no lombo unha trancha.

¡Malo de aquel
que non sabe de misa,
nin entra na igrexia
nin gasta camisa!

¡Ai, qué galiña
saltou no valado!
¡Sei que quer vir
a comer de prestado!

Isca de aí,
galiña maldita,
isca de aí,
non me mátela pita.

Isca de aí,
galiña ladrona,
isca de aí
prá cás túa dona.

32

I

Si a vernos, Marica[28], anteayer vinieras
a la fiesta de Seixo en la orilla del mar,
hubieras reído, Marica, como nunca reíste
debajo de los pinos del verde pinar.

A la sombra de los pinos, Marica, ¡qué cosas
chistosas pasaron!, ¡qué reír socarrón!
Desternillarse arriba, desternillarse abajo,
íbamos, veníamos y el bombo... ¡pon!... ¡pon!

Las blandas cosquillas, las luchas alegres,
los gritos, los brincos, los cuentos sin hiel,
toditos borrachos, alegres toditos...
Y nuestra señora detrás del tonel.

II

¡Pobre!, ¡qué fiesta copiosa perdiste...!
Cantaras, bebieras, durmieras, y así
en un lote vieras rodar todos juntos
muchachos y viejos de aquí para allí.

---

[28] Una rapaza cuenta a otra una romería en la que los señores, olvidando los aires de grandeza propios de su clase, se mezclan por un día con sus sirvientes y con el pueblo llano y, dejándose llevar por el

32

I

Si a vernos, Marica, nantronte viñeras
á festa do Seixo na beira do mar,
ti riras, Marica, cal nunca te riches
debaixo dos pinos do verde pinar.

Á sombra dos pinos, Marica, ¡qué cousas
chistosas pasaron!, ¡qué rir toleirón!
Relouca de arriba, relouca de abaixo,
iñamos, viñamos i o bombo... ¡pon!... ¡pon!

As cóchegas brandas, as loitas alegres,
os berros, os brincos, os contos sin fel,
todiños peneques, alegres todiños...
I a nosa señora detrás do tonel.

II

¡Coitada!, ¡qué festa brandida perdeche...!
Cantaras, beberas, dormiras, i así
nun feixe miraras rolar xuntamente
mociños e vellos de aquí para alí.

---

ambiente distendido, muestran que, como todos, pueden llegar a achisparse, coquetear o disfrutar de la fiesta.

Con la vista turbada, con los ojos adormecidos,
sonriendo, comiendo, y aún más bebiendo,
¡qué abrazos, qué miradas tan chuscas cambiaban
las mozas de genio con los cadiceños!

Debajo de los ricos paraguas de seda
que abiertos formaban tamaño rodel,
todos achispados, ¡qué cosas decían!
Y nuestra señora detrás del tonel.

III

Mas ella que es siempre tan grave y soberbia,
tan fina de oído, tan corta de manos,
sorda quedó hablando por siete,
con pobres y ricos, perros y marranos.

El amo, disfrutando de tanto desahogo,
que no acostumbraba ver así a su mujer,
también, ¡mi tesoro!, saltando de la burra,
¡pin!, ¡pan!, y río arriba se echó a correr.

Y el ama sonreía con el ojo entreabierto,
comiendo castañas y vino con miel...
¡Qué fiesta, Marica...! Toditos alegres...
Y nuestra señora detrás del tonel.

Coa vista trubada, cos ollos dormentes,
sorrindo, comendo, pifando e aínda máis,
¡qué apertos, qué olladas tan chuscas trocaban
as nenas de xenio cos mozos de Cais!

Debaixo dos ricos pareauguas de seda
que abertos formaban tamaño rodel,
todiños chispados, ¡qué cousas decían!
I a nosa señora detrás do tonel.

III

Mais ela decote tan grave e soberba,
tan fina de oído, tan curta de mans,
xordiña quedara falando por sete,
con probes e ricos, con porcos e cans.

Meu amo, folgado de tanta largueza,
que n'era costume na dona tal ver,
tamén, ¡miña xoia!, saltando da burra,
¡pin!, ¡pan!, río arriba botouse a correr.

I a dona sorría con ollo entraberto,
comendo castañas e viño con mel...
¡Qué festa, Marica...! Todiños peneques...
I a nosa señora detrás do tonel.

FOLLAS NOVAS

I. VAGUEDADES

I

De aquellas que cantan a las palomas y a las flores,
todos dicen que tienen alma de mujer.
Y yo que no las canto, Virgen de la Paloma
¡ay!, ¿de qué la tendré?[1]

II

Bien sé que no hay nada
nuevo bajo el cielo,
que antes otros pensaron
las cosas que ahora yo pienso.

Y bien, ¿para qué escribo?,
y bien, porque así somos,
reloj que repetimos
eternamente lo mismo[2].

III

Tal como las nubes
que impele el viento,
y ahora asombran, y ahora alegran

---

[1] Ya en este primer poema de *Follas novas* descubre Rosalía sus claras intenciones innovadoras y «liberadoras» en cuanto a métrica y rima con esta estrofa de tres versos dodecasílabos y un último, o pie quebrado, de seis sílabas.

I. VAGUEDÁS

I

Daquelas que cantan as pombas i as frores,
todos din que teñen alma de muller.
Pois eu que n'as canto, Virxe da Paloma
 ¡ai!, ¿de qué a terei?

II

Ben sei que non hai nada
novo en baixo do ceo,
que antes outros pensaron
as cousas que ora eu penso.

E ben, ¿para qué escribo?,
e ben, porque así semos,
relox que repetimos
eternamente o mesmo.

III

Tal como as nubes
que impele o vento,
i agora asombran, i agora alegran

---

[2] Estamos ante un verso sumamente revelador del espíritu poético y la coherencia de la voz rosaliana, fiel reflejo de sus sentimientos más íntimos. Si en los primeros poemas comentaba que ya desde sus inicios recurre a la misma simbología, es ahora ella misma quien reconoce escribir *eternamente sobre lo mismo*.

       los espacios inmensos del cielo,
              así las ideas
              locas que yo tengo,
       las imágenes de múltiples formas,
       de extrañas hechuras, de colores inciertos,
              ahora asombran,
              ahora aclaran
       el fondo sin fondo de mi pensamiento.

                        IV

        Diréis de estos versos, y es verdad,
       que tienen extraña insólita armonía,
       que en ellos las ideas brillan pálidas
              como errantes chispas
              que estallan por instantes,
              que rápido se disipan,
       que se asemejan a la neblina incierta
       que en las lindes de las huertas se arremolina,
       y al susurro monótono de los pinos
              de la bajamar bravía.

        Yo os diré tan solo que mis cantares
       así salen en confusión del alma mía,
       como salen de los profundos robledales
              al comenzar el día,
              rumor que no se sabe
              si es rebullir de las brisas,
              si son besos de las flores,
       si agrestes, misteriosas armonías
              que en este mundo triste
       el camino del cielo buscan perdidas.

os espasos inmensos do ceo,
    así as ideas
    loucas que eu teño,
as imaxes de múltiples formas,
de estranas feituras, de cores incertos,
    agora asombran,
    agora acraran
o fondo sin fondo do meu pensamento.

IV

Diredes destes versos, i é verdade,
que tén estrana insólita armonía,
que neles as ideas brilan pálidas
    cal errantes muxicas
    que estalan por instantes,
    que desparecen xiña,
que se asomellan á parruma incerta
que voltexa no fondo das curtiñas,
i ó susurro monótono dos pinos
    da beiramar bravía.

Eu direivos tan só que os meus cantares
así sán en confuso da alma miña,
como sai das profundas carballeiras
    ó comenzar do día,
    romor que non se sabe
    si é rebuldar das brisas,
    si son beixos das frores,
si agrestes, misteirosas armonías
    que neste mundo triste
o camiño do ceu buscan perdidas.

V

¡*Hojas nuevas!*[3], risa me causa
ese nombre que te dan,
como si a una mora bien mora,
blanca la oyese llamar.

No *Hojas nuevas*; ramajos
de tojos y zarzas sois:
yertas, como mis penas;
fieras, como mi dolor.

Sin olor ni frescura,
bravas lastimáis y herís...
¡Si en la gándara brotáis,
cómo no seréis así!

VI

¿Qué pasa a mi alrededor?
¿Qué me pasa que no sé?
Tengo miedo de una cosa
que vive y que no se ve.
Tengo miedo de la desgracia traidora
que viene, y que nunca se sabe de dónde es.

---

[3] Al igual que en *Cantares gallegos* con su primer poema, es en *Follas novas* este quinto el que da título al libro. Aquí contrapone las hojas nuevas, los brotes tiernos, a las ramas secas y retorcidas con las que

V

¡*Follas novas!*, risa dáme
ese nome que levás,
cal si a unha moura ben moura,
branca lle oíse chamar.

Non *Follas novas*; ramallo
de toxos e silvas sós:
irtas, como as miñas penas;
feras, como a miña dor.

Sin olido nin frescura,
bravas magoás e ferís...
¡Se na gándara brotades,
cómo non serés así!

VI

¿Qué pasa ó redor de min?
¿Qué me pasa que eu non sei?
Teño medo dunha cousa
que vive e que non se ve.
Teño medo á desgracia traidora
que ven, e que nunca se sabe ónde ven.

Rosalía se identifica y a través de las cuales revela la verdadera naturaleza de sus penas, fieras, yermas como su dolor.

VII

    Algunos dicen: ¡tierra mía!
Dicen otros: ¡mi cariño!
Y este: ¡mis recuerdos!
Y aquel: ¡mis amigos!
Todos suspiran, todos,
por algún bien perdido.
Solo yo no digo nada,
solo yo nunca suspiro,
que mi cuerpo de tierra
y mi cansado espíritu,
a donde quiera que vaya,
        van conmigo.

IX

    Paz, paz deseada:
para mí, ¿dónde está?
Quizá no la tendré...
¡No la tuve jamás!

    Sosiego, descanso,
¿dónde lo podré encontrar?
En los males que me matan,
en el dolor que me dan.

    ¡Paz, paz, eres mentira!
¡Para mí no la hay!

VII

Algúns din: ¡miña terra!
Din outros: ¡meu cariño!
I éste: ¡miñas lembranzas!
I aquél: ¡os meus amigos!
Todos sospiran, todos,
por algún ben perdido.
Eu só non digo nada,
eu só nunca sospiro,
que o meu corpo de terra
i o meu cansado esprito,
a donde quer que eu vaia,
  van comigo.

IX

Paz, paz deseada:
pra min, ¿ónde está?
Quixais n'hei de tela...
¡N'a tiven xamais!

Sosego, descanso,
¿ónde hei de o atopar?
Nos mals que me matan,
na dor que me dan.

¡Paz, paz, ti es mentira!
¡Pra min non a hai!

X

Una vez tuve un clavo[4]
    clavado en el corazón,
y no me acuerdo ya si era aquel clavo
    de oro, de hierro o de amor.
Solo sé que hizo un mal tan hondo,
    que tanto me atormentó,
que día y noche sin cesar lloraba
como lloró Magdalena en la Pasión.
    «Señor, que todo lo puedes
    —le pedí una vez a Dios—,
dame valor para arrancar de un golpe
    clavo de tal condición.»
    Y me lo dio Dios, y lo arranqué;
    mas... ¿quién lo pensara...? Después
    ya no sentí más tormentos
    ni supe qué era el dolor;
supe solo que no sé qué me faltaba
    en donde el clavo faltó,
y quizá, quizá tuve saudades
    de aquella pena... ¡Buen Dios!
Este barro mortal que envuelve el espíritu
    ¡quién lo entenderá, Señor...!

---

[4] Al clavo como símbolo y metáfora ya hemos aludido con anterioridad: el amor como provocador de dolor tanto por su presencia como

X

Unha vez tiven un cravo
cravado no corazón,
i eu non me acordo xa si era aquel cravo
de ouro, de ferro ou de amor.
Sóio sei que me fixo un mal tan fondo,
que tanto me atormentou,
que eu día e noite sin cesar choraba
cal chorou Madanela na Pasión.
«Señor, que todo o podedes
—pedínlle unha vez a Dios—,
daime valor para arrincar dun golpe
cravo de tal condición.»
E doumo Dios, e arrinqueino;
mais... ¿quén pensara...? Despois
xa non sentín máis tormentos
nin soupen qué era delor;
soupen só que non sei qué me faltaba
en donde o cravo faltou,
e seica, seica tiven soidades
daquela pena... ¡Bon Dios!
Este barro mortal que envolve o esprito
¡quén o entenderá, Señor...!

---

por su ausencia, necesario pero peligroso, fuente de dichas y males máximos pero, al tiempo, indispensable.

XII

Hoy o mañana, ¿quién puede decir cuándo?,
pero quizá en poco tiempo,
vendrán a despertarme, y en vez de un vivo,
encontrarán un muerto.
A mi alrededor se levantarán
gemidos desgarrados,
ayes de angustia, lloros de mis hijos,
de mis hijos desamparados.

Y yo sin calor, sin movimiento, fría,
muda, insensible a todo,
así estaré, como me dejó la muerte
al helarme con su soplo.

Y para siempre ¡adiós cuanto quería!
¡Qué terrible abandono!
Entre cuantos sarcasmos
hay, hubo y ha de haber,
no vi ninguno que abata más a los vivos
que el de la humilde quietud de un cuerpo muerto.

XIII

Ya sin rencor ni desprecio,
ya ni temor de mudanzas;
tan solo una sed..., una sed
de un no sé qué, que me mata.
Ríos de vida, ¿dónde estáis?
¡Aire!, que el aire me falta.

XII

Hoxe ou mañán, ¿quén pode decir cándo?,
    pero quisais moi logo,
viránme a despertar, i en vez dun vivo,
    atoparán un morto.
Ó rededor de min levantaránse
    xemidos dolorosos,
aies de angustia, choros dos meus fillos,
    dos meus filliños orfos.

I eu sin calor, sin movemento, fría,
    muda, insensibre a todo,
así estarei cal me deixare a morte
    ó helarme co seu sopro.

E para sempre ¡adiós canto eu quería!
    ¡Qué terrible abandono!
    Antre cantos sarcasmos
    hai, ha de haber e houbo,
non vin ningún que abata máis ós vivos
que o da humilde quietú dun corpo morto.

XIII

    Xa nin rencor nin desprezo,
    xa nin temor de mudanzas;
    tan só unha sede..., unha sede
    dun non sei qué, que me mata.
    Ríos da vida, ¿ónde estades?
    ¡Aire!, que o aire me falta.

—¿Qué ves en ese fondo oscuro?
¿Qué ves que tiemblas y callas?
—¡No veo! Miro, como mira
un ciego la luz del sol clara.
Y voy a caer allí en donde
nunca el que cae se levanta.

XV

A un palo, otro palo;
a un dolor, otro dolor;
tras un olvido, otro olvido;
tras un amor, otro amor.

Y al fin de fatiga tanta
y de tan diversa suerte,
la vejez que nos espanta
o el reposar de la muerte.

XVI

Cuando era tiempo de inverno,
pensaba en dónde estarías;
cuando era tiempo de sol,
pensaba en dónde andarías.
¡Ahora... tan solo pienso,
mi bien, si me olvidarías!

—¿Qué ves nese fondo escuro?
¿Qué ves que tembras e calas?
—¡Non vexo! Miro, cal mira
un cego a luz do sol crara.
E vou caer alí en donde
nunca o que cai se levanta.

XV

A un batido, outro batido;
a unha dor, outro delor;
tras dun olvido, outro olvido;
tras dun amor, outro amor.

I ó fin de fatiga tanta
e de tan diversa sorte,
a vellés que nos espanta
ou o repousar da morte.

XVI

Cando era tempo de inverno,
pensaba en dónde estarías;
cando era tempo de sol,
pensaba en dónde andarías.
¡Agora... tan sóio penso,
meu ben, si me olvidarías!

XVIII

Con su sordo y constante murmurar
me atrae el oleaje de ese mar bravío,
como atrae de las sirenas el cantar.
«En este mi lecho misterioso y frío
—me dice—, ven blandamente a descansar.»

Él de mí enamorado está... ¡maldito!,
    y yo enamorada de él.
Pues saldremos con el capricho,
que si él me llama sin parar, yo abrigo
unas ansias mortales de reposar en él.

XIX

Ando buscando mieles y frescura
    para mis labios secos,
y no sé cómo encuentro, ni por dónde,
    quemazones y amarguras.

Ando buscando almíbares que almibaren
    estos agrios versos,
y no sé cómo, ni por dónde, siempre
    se los encuentra uno fiero.

    Y el cielo y Dios bien lo saben
    no tengo culpa de eso.
    ¡Ay!, sin querer, la tiene
    el lastimado corazón enfermo.

XVIII

Co seu xordo e costante mormorío
atraime o oleaxen dese mar bravío,
cal atrai das serenas o cantar.
«Neste meu leito misterioso e frío
—dime—, ven brandamente a descansar.»

 El namorado está de min... ¡o deño!,
   i eu namorada del.
Pois saldremos co empeño,
que si el me chama sin parar, eu teño
unhas ansias mortais de apousar nel.

XIX

 Ando buscando meles e frescura
  para os meus labios secos,
i eu non sei cómo atopo, nin por ónde,
  queimores e amarguexos.

 Ando buscando almíbres que almibaren
  estos meus agres versos,
i eu non sei cómo, nin por ónde, sempre
  se lles atopa un fero.

  I o ceo e Dios ben saben
  non teño a culpa deso.
  ¡Ai!, sin querelo, tena
  o lastimado corazón enfermo.

II. ¡DE LO ÍNTIMO!

¡ADIÓS![5]

Adiós, montes y prados, iglesias y campanas;
adiós, Sar y Sarela cubiertos de enramadas;
adiós, Vidán alegre, molinos y hondonadas;
Conxo, el del claustro triste y las soledades plácidas;
San Lorenzo, el escondido, como un nido entre las ramas;
Balvís, para mí siempre el de las hondas remembranzas,
Santo Domingo, en donde cuanto yo quise descansa
—vidas de mi vida, pedazos de mis entrañas—;
y vosotras también, sombrías paredes solitarias
que me visteis llorar sola y desventurada;
Adiós, sombras queridas; adiós, sombras odiadas;
      otra vez los vaivenes de la fortuna
      lejos me arrastran.

Cuando vuelva, si vuelvo, todo estará donde estaba:
los mismos montes negros y las mismas alboradas,
del Sar y del Sarela mirándose en las aguas;
los mismos verdes campos, las mismas torres pardas
de la catedral severa mirando las lontananzas.
Mas los que ahora dejo como a la fuente mansa
o en el verdor de la vida, sin tempestad ni lágrimas,
¡cuánto, cuando regresen, víctimas de la mudanza,
tendrán deprisa andado en la senda de la desgracia!
      Y yo..., yo ¡nada temo en el mundo,
      que la muerte me tarda!

---

[5] Este poema destaca por la innovación de su métrica, compuesta a base de versos alejandrinos utilizados mucho antes de que Rubén Darío los aplicara a su lírica iniciadora del modernismo. En este caso

II. ¡DO ÍNTIMO!

¡ADIÓS!

Adiós, montes e prados, igrexas e campanas;
adiós, Sar e Sarela cubertos de enramada;
adiós, Vidán alegre, moíños e hondanadas;
Conxo, o do craustro triste i as soedades prácidas;
San Lourenzo, o escondido, cal un niño antre as ramas;
Balvís, para min sempre o das fondas lembranzas;
Santo Domingo, en donde canto eu quixen descansa
—vidas da miña vida, anacos das entrañas—;
e vós tamén, sombrisas paredes solitarias
que me vicheis chorare soia e desventurada;
Adiós, sombras queridas; adiós, sombras odiadas;
      outra vez os vaivéns da fertura
        pra lonxe me arrastran.

Cando volver, se volvo, todo estará onde estaba:
os mesmos montes negros i as mesmas alboradas,
do Sar e do Sarela mirándose nas auguas;
os mesmos verdes campos, as mesmas torres pardas
da catedral severa ollando as lontananzas.
Mais os que agora deixo tal coma a fonte mansa
ou no verdor da vida, sin tempestás nin bágoas,
¡cánto, cando eu tornare, vítimas da mudanza,
terán de presa andado na senda da desgracia!
      I eu..., mais eu ¡nada temo no mundo,
        que a morte me tarda!

Rosalía utiliza dos estrofas compuestas por una serie de alejandrinos asonantes que terminan con dos versos, uno decasílabo y el último hexasílabo.

TÚ AYER, MAÑANA YO

Caí tan bajo, tan bajo,
que la luz junto a mí no llega;
perdí de vista las estrellas
y vivo en la oscuridad.

Mas, aguarda... ¡Tú que te reíste,
insensible a mis afanes!
Todavía estoy vivo..., aún puedo
subir para vengarme.

Tirad piedras al caído,
tiradle aunque sea un centenar;
tirad..., que cuando caigáis,
han de trataros igual.

AMORES PEQUEÑOS

Era[6] dolor y era cólera,
era miedo y aversión,
era un amor sin medida,
¡era un castigo de Dios!
Que hay unos amores negros de índole malsana
que privan a los espíritus, que turban las conciencias,
que muerden si acarician, que cuando miran abrasan,
que dan dolores de rabia, que manchan y que afrentan.
Vale más morir de frío
que calentarse en su hoguera.

---

[6] Rosalía no solo juega con la versificación, combinando los versos alejandrinos con octosílabos, sino que además incorpora una serie de

TI ONTE, MAÑÁN EU

Caín tan baixo, tan baixo,
que a luz onde a min non vai;
perdín de vista as estrelas
e vivo na escuridá.

Mais, agarda... ¡O que te riches,
insensibre ó meu afán!
Inda estou vivo..., inda podo
subir para me vingar.

Tirá pedras ó caído,
tiraille anque sea un cento;
tirá..., que cando caidades,
hanvos de facelo mesmo.

AMORES CATIVOS

Era delor i era cólera,
era medo i aversión,
era un amor sin medida,
¡era un castigo de Dios!
Que hai uns negros amores de índole pezoñenta
que privan os espritos, que turban as concencias,
que morden si acariñan, que cando miran queiman,
que dan dores de rabia, que manchan e que afrentan.
Máis val morrer de friaxen
que quentarse á súa fogueira.

---

repeticiones —casi enumeraciones— en la palabra inicial de cada verso
que resultan más que innovadoras: osadas y plenamente actuales.

DE BALDE...[7]

Cuando me pongan el hábito,
    si es que lo llevo;
cuando me metan en la caja,
    si es que la tengo;
cuando el responso me canten,
si hay con qué pagarle a los curas,
y cuando dentro de la tumba...
¡Que aunque me lleve San Pedro
si solo de pensarlo no río
con un reír siniestro!
¡Que enterrar, han de enterrarme
aunque no les den dinero...!

    *   *   *

Ladraban contra mí, que caminaba[8]
    casi sin aliento,
sin poder con mi hondo pensamiento
y la ponzoña mortal que en mí llevaba.
    Y la gente que encontraba,
    mirándome con insolencia,
de mi dolor sin igual y de mi afrenta,
    traidora se mofaba.
Y eso que nada más que la adivinaba.
    «Si la supieran, ¡Dios mío!
—pensé temblando—, contra mí volvieran
    la corriente del río.»

---

[7] Combinación de amarga ironía y, de nuevo, ácida crítica social.

[8] Como se ha señalado en la Introducción, muchos estudiosos consideran que en este poema la sensación de sentirse observada, de saber

DE BALDE...

Cando me poñan o hábito,
    si é que o levo;
cando me metan na caixa,
    si é que a teño;
cando o responso me canten,
si hai con qué pagarlle ós cregos,
e cando dentro da cova...
¡Que inda me leve San Pedro
se só ó pensalo non río
con unha risa dos deños!
¡Que enterrar, han de enterrarme
anque non lles den diñeiro...!

    *   *   *

Ladraban contra min, que camiñaba
    cásique sin alento,
sin poder co meu fondo pensamento
i a pezoña mortal que en min levaba.
    I a xente que topaba,
    ollándome a mantenta,
do meu dor sin igual i a miña afrenta,
    traidora se mofaba.
I eso que nada máis que a adiviñaba.
    «Si a souperan, ¡Dios mío!
—pensei tembrando—, contra min volvera
    a corrente do río.»

---

que se habla sobre una, pertenece a los propios recuerdos autobiográficos de Rosalía, si bien, obviamente, los demás rasgos de la historia no guardan ninguna relación con su biografía.

Buscando el abrigo de los más altos muros,
    en los caminos desiertos,
ensangrentando los pies en los cantos duros,
fui llegando al rincón de mis cariños,
imaginando espantada: «Mis niños
    ¿estarán ya despiertos?
¡Ay, que al verme llegar tan maltratada,
llorosa, sin aliento y ensangrentada,
se afligirán, pobrecitos míos,
    por su madre tan malhadada!»
  Poco a poco fui yendo,
y las escaleras con temor subiendo,
con el triste corazón sobresaltado.
¡Escuché...! Ni las moscas rebullían.
En la cuna todavía mis ángeles dormían,
    con la Virgen a su lado.

    *   *   *

  Cuando pienso que te fuiste[9],
negra sombra que me asombras,
al pie de mis cabezales
tornas haciéndome mofa.

  Cuando imagino que eres ida,
en el mismo sol te asomas,
y eres la estrella que brilla,
y eres el viento que sopla.

---

[9] Uno de sus más conocidos poemas, popularizado para el gran público gracias a su adaptación musical, viene a constituir la particular «sonrisa de Mona Lisa» en la obra de Rosalía, tal es el misterio y la fascinante atracción que supone para lectores y estudiosos: ¿qué es esa negra sombra? ¿Un recuerdo? ¿Un fantasma del pasado? ¿Un re-

Buscando o abrigo dos máis altos muros,
    nos camiños desertos,
ensangrentando os pes nos seixos duros,
fun chegando ó lugar dos meus cariños,
maxinando espantada: «Os meus meniños
    ¿estarán xa despertos?
¡Ai, que ó verme chegar tan maltratada,
chorosa, sin alento e ensangrentada,
darán en se afrixir, malpocadiños,
    por súa nai malfadada!»
    Pouco a pouco fun indo,
i as escaleiras con temor subindo,
co triste corazón sobresaltado.
¡Escoitei...! Nin as moscas rebullían.
No berce inda os meus ánxeles dormían,
    ca Virxen ao seu lado.

    *   *   *

    Cando penso que te fuches,
    negra sombra que me asombras,
    ó pe dos meus cabezales
    tornas facéndome mofa.

    Cando maxino que es ida,
    no mesmo sol te me amostras,
    i eres a estrela que brila,
    i eres o vento que zoa.

---

mordimiento? La teoría que me parece más factible es la que nos explica esta sombra como un símbolo polisémico que viene a ser, a un tiempo, la soledad, la angustia, la tristeza que asola a la autora y, por qué no, un cruel recuerdo que no dejará de perseguirla nunca.

Si cantan, eres tú que cantas;
si lloran, eres tú que lloras;
y eres el murmullo del río,
y eres la noche, y eres la aurora.

En todo estás y eres todo,
para mí y en mí misma moras,
no me abandonarás nunca,
sombra que siempre me asombras.

LA JUSTICIA POR LA MANO

Aquellos que tienen fama de honrados en la villa[10],
me robaron tanta blancura que yo tenía;
me echaron estiércol en las galas de un día,
la ropa fiesta me la dejaron en tiras.
Ni una piedra dejaron en donde yo vivía;
sin hogar, sin abrigo, moré en los plantíos;
al raso con las liebres dormí en las campiñas;
mis hijos..., ¡mis ángeles...!, que tanto quería
¡murieron, murieron con el hambre que tenían!
Quedé deshonrada, marchitaron mi vida,
me hicieron un lecho de tojos y espinas;
y mientras, los raposos de sangre maldita,
tranquilos en un lecho de rosas dormían.

---

[10] Estamos ante unos versos fuertemente comprometidos, cargados de denuncia y de un poderoso sentimiento de desprotección frente a la injusticia. La trama del poema se cuenta, para darle más fuerza, en primera persona por una mujer que ha sufrido viles vejaciones tanto físi-

Si cantan, es ti que cantas;
si choran, es ti que choras;
i es o marmurio do río,
i es a noite, i es a aurora.

En todo estás e ti es todo,
pra min i en min mesma moras,
nin me abandonarás nunca,
sombra que sempre me asombras.

A XUSTICIA POLA MAN

Aqués que tén fama de honrados na vila,
roubáronme tanta brancura que eu tiña;
botáronme estrume nas galas dun día,
a roupa de cote puñéronma en tiras.
  Nin pedra deixaron en donde eu vivira;
sin lar, sin abrigo, morei nas curtiñas;
ó raso cas lebres dormín nas campías;
meus fillos..., ¡meus anxos...!, que tanto eu quería
¡morreron, morreron ca fame que tiñan!
  Quedei deshonrada, mucháronme a vida,
fixéronme un leito de toxos e silvas;
i en tanto, os raposos de sangre maldita,
tranquilos nun leito de rosas dormían.

---

cas como morales. Al final —y aquí se puede apreciar el fuerte carácter de Rosalía, su ira contenida, su genio incluso hasta para escribir—, la víctima se cobra, tal y como reza el título, la justicia por su mano.

—*¡Salvadme, oh jueces!* —grité... ¡Locura!
De mí se mofaron, me vendió la justicia.
—*Buen Dios, ayúdame* —grité, grité todavía...
Tan alto que estaba, el buen Dios no me oía.
　Entonces, como loba doliente o herida,
de pronto con rabia una hoz blandía,
rondé silenciosa... ¡Ni las hierbas me sentían!
Y la luna se escondía, y la fiera dormía
con sus compañeros en cama mullida.

　Los miré con calma, y las manos extendidas,
de un golpe, ¡de uno solo!, los dejé sin vida.
Y contenta, me senté junto a las víctimas,
tranquila, esperando por el alba del día.

　Y entonces..., entonces la justicia se cumplió:
yo, en ellos; y las leyes, en la mano que los hirió.

*　　＊　＊　＊*

　Mayo longo[11]..., mayo longo,
todo cubierto de rosas:
para algunos, las tienes de muerte;
para otros, las tienes de bodas.

　Mayo longo, mayo longo,
fuiste corto para mí:
vino contigo mi dicha,
volvió contigo a huir.

---

[11] *Longo*: luengo, largo *(D.R.A.E.)*

—*¡Salvádeme, ou xueces!* —berrei... ¡Tolería!
De min se mofaron, vendeume a xusticia.
—*Bon Dios, axudaime* —berrei, berrei inda...
Tan alto que estaba, bon Dios non me oíra.

Estonces, cal loba doente ou ferida,
dun salto con rabia pillei a fouciña,
rondei paseniño... ¡Ne as herbas sentían!
I a lúa escondíase, i a fera dormía
cos seus compañeiros en cama mullida.

Mireinos con calma, i as mans estendidas,
dun golpe, ¡dun soio!, deixeinos sin vida.
I ó lado, contenta, senteime das vítimas,
tranquila, esperando pola alba do día.

I estonces..., estonces cumpreuse a xusticia:
eu, neles; i as leises, na man que os ferira.

* * *

    Maio longo..., maio longo,
    todo cuberto de rosas:
    para algús, telas de morte;
    para outros, telas de bodas.

    Maio longo, maio longo,
    fuches curto para min:
    veu contigo a miña dicha,
    volveu contigo a fuxir.

* * *

¡Qué plácidamente brillan[12]
el río, la fuente y el sol!
Cuánto brillan..., más no brillan
    para mí, no.

¡Cómo crecen hierbas y arbustos,
cómo brota en el árbol la flor!
Mas no crecen ni florecen
    para mí, no.

¡Cómo cantan los pajarillos
enamorada canción!
Mas aunque cantan, no cantan
    para mí, no.

¡Cómo la Naturaleza hermosa
sonríe a mayo que la mimó!
Mas para mí no sonríe,
    para mí, no.

Sí..., para todos un poco
de aire, de luz, de calor...
Mas si para todos hay,
    para mí, no.

¡Y bien...!, ya que aquí no encuentro
aire, luz, tierra ni sol,
¿para mí no habrá una tumba?
    Para mí, no.

---

[12] Este poema se compone de seis estrofas de pie quebrado de cuatro versos cada una: los tres primeros son octosílabos y el cuarto, que

* * *

¡Qué prácidamente brilan
o río, a fonte i o sol!
Cánto brilan..., máis non brilan
　　para min, non.

¡Cál medran herbas e arbustos,
cál brota na árbor a frol!
Mais non medran nin frorecen
　　para min, non.

¡Cál cantan os paxariños
enamoradas canciós!
Mais anque cantan, non cantan
　　para min, non.

¡Cál a Natureza hermosa
sorrí a maio que a mimou!
Mais para min non sorrí,
　　para min, non.

Sí..., para todos un pouco
de aire, de luz, de calor...
Mais si para todos hai,
　　para min, non.

¡E ben...!, xa que aquí n'atopo
aire, luz, terra nin sol,
¿para min n'habrá unha tomba?
　　Para min, non.

---

además es una repetición claramente paralelística, con reminiscencias
de nuevo a la lírica galaica medieval, pentasílabo.

¡SOLA![13]

Eran claros los días,
risueños al despertar,
y era la tristeza suya
negra coma la orfandad.

Se iba con el amanecer,
volvía con la oscuridad...;
pero que fuera o viniera
nadie lo iba a notar.

Tomó un día leve
el camino del arenal...
Como nadie la esperaba,
ya no volvió más.

Al cabo de tres días,
la devolvió el mar,
y allí donde el cuervo se posa,
sola enterrada está.

---

[13] La protagonista de este poema es de nuevo una mujer desesperada, una heroína terriblemente sola que, invariablemente en la lírica de Rosalía, tiene un triste final. Estamos ante una de las composiciones que más directa y claramente alude al suicidio —frente a la muer-

¡SOIA!

Eran crárolos días,
risóñalas mañáns,
i era a tristeza súa
negra coma a orfandá.

Iñase á mañecida,
tornaba coa serán...;
mais que fora ou viñera
ninguén llo iña a esculcar.

Tomou un día leve
o camiño do areal...
Como naide a esperaba,
ela non tornou máis.

Ó cabo dos tres días,
botóuna fora o mar,
i alí onde o corvo pousa,
soia enterrada está.

---

te pasiva, al «dejarse ir» de muchas otras composiciones— como salida al dolor que causa la vida. Encontraremos en *En las orillas del Sar* un poema, «Del mar azul las transparentes olas» (pág. 272) estrechamente relacionado a este.

III. VARIA

VAMOS BEBIENDO[14]

—Tengo tres pitas blancas
 y un gallo negro,
que han de poner buenos huevos
 andando el tiempo;
y he de venderlos caros
 para enero;
y he de guardar los cuartos
 para un mantelo;
y lo he de llevar puesto
 en mi casamiento;
y he... —Pues mira, Marica,
 por un cuarto de vino ve yendo,
que mientras no quitas
 esos remiendos,
y las pitas van creciendo
 con el gallo negro,
para poner los huevos,
 y todo eso
de enero, de los cuartos
 y del casamiento,
prenda mía de mi alma,
 ¡vamos bebiendo!

---

[14] Poema de rima asonante en los versos pares que, en el gallego original, alterna versos heptasílabos y pentasílabos. Se trata de una com-

III. VARIA

VAMOS BEBENDO

—Teño tres pitas brancas
      e un galo negro,
que han de poñer bos ovos
      andando o tempo;
i hei de vendelos caros
      polo xaneiro;
i hei de xuntalos cartos
      para un mantelo;
i heino de levar posto
      no casamento;
i hei... —Pois mira, Marica,
      vai por un neto,
que antramentas non quitas
      cerellos,
i as pitas van medrando
      co galo negro,
para poñelos ovos,
      e todo aquelo
do xaneiro, dos cartos
      i o casamento,
miña prenda da ialma,
      ¡vamos bebendo!

---

posición jocosa e irónica que bien pudiera ser una versión libre y popular del cuento de la lechera.

SIN NIDO

Por montes y campiñas,
caminos y explanadas,
viene una paloma sola,
sola de rama en rama.

La siguen sus pobres crías,
sedientas y cansadas,
sin que alimento encuentre
para darles en la picada.

Trae manchadas las plumas
que eran otrora blancas,
trae marchitas y arrastradas
y abatidas las alas.

¡Ay, pobre paloma, un tiempo
tan querida y tan blanca!
¿Adónde fue tu brillo?
Tu amor, ¿dónde anda?

* * *

Para unos, negro,
para otros, blanco;
y para todos,
entreverado.

SIN NIÑO

Por montes e campías,
camiños e espranadas,
ven unha pomba soia,
soia de rama en rama.

Síguena as probes crías,
sedentas e cansadas,
sin que alimento atope
pra darlles a bicada.

Trai mancháda-las prumas
que eran un tempo brancas,
trai muchas e rastreiras
i abatídalas alas.

¡Ai, probe pomba, un tempo
tan querida e tan branca!
¿Ónde vai o teu brilo?
O teu amor, ¿ónde anda?

* * *

Para uns, negro,
para outros, branco;
e para todos,
traspoleirado.

I

—Sé astuto si es que sabes;
véngate de las ofensas si es que puedes;
al que te sirva, págale;
mas a quien no te dé, nunca le regales;
porque la moral de los santos
no reza siempre como la moral de los hombres.

Esto un gallego montañés y rudo,
harto de humillaciones y de rencores,
al agonizar le aconsejaba a su hijo,
heredero de sus males y de su nombre.

II

—Sé ingenuo y leal siempre,
perdona a quien te ofenda,
haz el bien diariamente a amigos y enemigos
y, a pecho descubierto, sin temor, espera:
no hay más que un Dios y una moral que salve
a los tristes hijos de Eva.

Esto la pobre viuda
del montañés, muriendo entre la miseria,
resignada a su hijo le decía...
Y a Dios su espíritu le entregó serena.

I

    —Sé astuto si é que sabes;
víngate das ofensas si é que podes;
    ó que che sirva, págalle;
mais a quen non che dé, nunca lle dones;
    porque a moral dos santos
non reza sempre ca moral dos homes.

Esto un gallego montañés e rudo,
farto de humillaciós e de rencores,
ó agonizar lle aconsellaba a un fillo,
herdeiro dos seus mals e de seu nome.

II

    —Sé inxenuo e leal sempre,
    perdoa a quen te ofenda,
fai ben decote a amigos i enemigos
i, á porta franca, sin temor, espera:
n'hai mais que un Dios i unha moral que salve
    ós tristes fillos de Eva.

Esto a probe viuda
do montañés, morrendo antre a miseria,
resinada ó seu fillo lle dicía...
I a Dios o esprito lle entregou serena.

III

Y le hizo él las honras,
mas tan solo con gemidos y con lágrimas;
cura no hubo cerca que a la pobre
el entierro gratis le cantara.

En un rincón del atrio
donde las ortigas ásperas medraban,
sin cruz, señal ni losa,
allí quedó perdida y sepultada;
y triste y solo el hijo,
volvió sañudo a la solitaria casa.

«Mi padre me dio un consejo —iba pensando—
y madre otro me legara;
y si ella tenía santidad y conciencia,
experiencia tenía él y sabiduría le sobraba.

Soy hijo de él y de ella...
Partiré, pues, su herencia de dos modos.
Madre: haré bien a quien te lo hizo.
Padre: venganza me piden tus despojos»[15].

---

[15] Por su temática, guarda evidentes similitudes con «La justicia por la mano» aunque aquí el protagonista es un mozo que acaba de quedar huérfano. Tal vez por ser sus sentimientos más de ira que de dolor,

III

E fíxolle el as honras,
mais tan só con xemidos e con bágoas;
crego non houbo ó rededor que á probe
o enterro de limosna lle cantara.

    Nun corruncho do adro
onde as ortigas ásperas medraban,
    sin cruz, señal nin lousa,
alí quedou perdida e sepultada;
    e triste o fillo e soio,
tornou sañudo á solitaria casa.

«Meu pai doume un consello —iña pensando—
    e miña nai doume outro;
e si ela tiña santidá e concencia,
esprencia el tiña e sabidá dabondo.

    Son fillo del e dela...
Partirei, pois, a hirencia de dous modos.
Ña nai: fareille ben a quen cho fixo.
Meu pai: vinganza piden os teus osos».

---

lo cierto es que el primero causa, por su tono dramático, mucha más honda impresión que este.

¿QUÉ TIENE?

Siempre un ¡ay! plañidero, una duda,
un deseo, una angustia, un dolor...
Es unas veces la estrella que brilla[16],
es otras tantas un rayo de sol;
es que las hojas de los árboles caen,
es que revienta en los campos la flor,
      y es el viento que sopla;
      y es el frío, es la calor...
Y no es el viento, no es el sol, ni el frío;
      no es..., que es solamente
el alma enferma, poeta y sensible,
      que todo le lastima,
      que todo le duele.

    *   *   *

Chirriar de los carros de Ponte[17],
tristes campanas de Herbón[18]:
cuando os oigo me partís
las cuerdas del corazón.

Cebolleras que vais y venís
de Adina por los caminos,
a la orilla del camposanto
pasad leve y despacito.

---

[16] Adviértase en esta composición la similitud de algunas imágenes con las de «Negra sombra».

[17] Ponte: se refiere a Ponte Cesures.

¿QUÉ TEN?

Sempre un ¡ai! prañideiro, unha duda,
un deseio, unha angustia, un delor...
É unhas veces a estrela que brila,
é outras tantas un raio do sol;
é que as follas dos árbores caen,
é que abrochan nos campos as frols,
      i é o vento que zoa;
      i é o frío, é a calor...
E n'é o vento, n'é o sol, nin é o frío;
      non é..., que é tan só
a alma enferma, poeta e sensibre,
      que todo a lastima,
      que todo lle doi.

* * *

Chirrar dos carros da Ponte,
tristes campanas de Herbón:
cando vos oio partídesme
as cordas do corazón.

Ceboleiras que is e vindes
de Adina polos camiños,
á beira do camposanto
pasá leve e paseniño.

---

[18] Herbón: se refiere a las campanas del convento de Herbón, perteneciente a la orden franciscana y situado a orillas del río Ulla.

Que aunque dicen que los muertos no oyen,
cuando a los míos les voy a hablar,
pienso que aunque estén callados
bien oyen mi penar.

*   *   *

Ahora cabellos negros,
más tarde cabellos blancos;
ahora dientes de plata,
mañana colmillos quebrados;
hoy mejillas de rosas,
mañana de cuero arrugado.
Muerte negra, muerte negra,
cura de dolores y engaños:
¿por qué no matas a las mozas
antes de que las maten los años?[19]

*   *   *

Haces unos versos..., ¡ay, qué versos!
Como ellos no vi otros,
todos empedrados,
y llenos de nudos todos,
parecen hechos adrede
para leerse a soplamocos.

---

[19] Poema que demuestra una concepción absoluta y rabiosamente actual de las tiranías y esclavitudes a que se someten las mujeres en pos

Que anque din que os mortos n'oien,
cando ós meus lle vou falar,
penso que anque estén calados
ben oien o meu penar.

* * *

Agora cabelos negros,
mais tarde cabelos brancos;
agora dentes de prata,
mañán chavellos quebrados;
hoxe fazulas de rosas,
mañán de coiro enrugado.
Morte negra, morte negra,
cura de dores e engaños:
¿por qué non mátalas mozas
antes que as maten os anos?

* * *

Fas uns versos..., ¡ai, qué versos!
Pois cal eles non vin outros,
todos empedreguilados,
e de cotomelos todos,
parecen feitos adrede
para lerse a sopramocos.

---

de una belleza efímera y sobrevalorada. Una prueba más de la absoluta vigencia de Rosalía en nuestros días.

IV. DE LA TIERRA

EN CORNES[20]

III

Te odio, campo fresco,
con tus verdes cercados,
con tus altos laureles
y tus caminos blancos
sembrados de violetas,
cubiertos de emparrados.

Os odio, montes suaves
que el sol poniente alumbra,
que en noches más serenas
vi bajo el fulgor de la luna,
y donde en mejores días
vagué por las alturas.

Y a ti también, pequeño
río como ningún otro bello,
también aborrecido
eres entre mis recuerdos...
¡Porque os amé tanto,
es porque así os odio!

---

[20] Cornes: alude a unos campos situados en las afueras del Santiago contemporáneo a Rosalía. En ellos estuvo la estación del ferrocarril.

IV. DA TERRA

EN CORNES

III

Ódiote, campo fresco,
cos teus verdes valados,
cos teus altos loureiros
i os teus camiños brancos
sembrados de violetas,
cubertos de emparrados.

Ódiovos, montes soaves
que o sol poniente aluma,
que en noites máis sereas
vin ó fulgor da lúa,
i onde en mellores días
vaguei polas alturas.

E ti tamén, pequeno
río cal no outro hermoso,
tamén aborrecido
es antre os meus recordos...
¡Porque vos amei tanto,
é porque así vos odio!

V. LAS VIUDAS DE LOS VIVOS Y LAS VIUDAS DE LOS MUERTOS

¡PARA LA HABANA!

I

Vendieron sus bueyes,
vendieron sus vacas,
el pote del caldo
y la manta de la cama.
Vendieron su carro
y las tierras que tenía;
le dejaron sólo
con la ropa vestida.
«María, soy joven,
pedir no me es dado;
yo voy por el mundo
por ver de ganarlo.
Galicia está pobre,
y a La Habana me voy...
¡Adiós, adiós, prendas
de mi corazón!»[21].

---

[21] En esta parte del libro Rosalía expresa sin ambages su postura frente a la emigración y el dolor que causa tanto para las que se quedan como para los que se han ido. Estos poemas han calado muy hon-

V. AS VIUDAS DOS VIVOS
E AS VIUDAS DOS MORTOS

¡PRA A HABANA!

I

Vendéronlle os bois,
vendéronlle as vacas,
o pote do caldo
i a manta da cama.
Vendéronlle o carro
i as leiras que tiña;
deixárono sóio
coa roupa vestida.
 «María, eu son mozo,
pedir non me é dado;
eu vou polo mundo
pra ver de ganalo.
 Galicia está probe,
i á Habana me vou...
¡Adiós, adiós, prendas
do meu corazón!»

---

damente entre el público, que ha hallado en ellos la mejor expresión a sus sentimientos de angustia frente a un problema que asoló en su momento al pueblo gallego.

II

Cuando nadie los mira,
se ven rostros nublados y sombríos,
hombres que vagan cual sombras errantes
por vegas y labradíos.
Uno, sobre un montículo
se sienta caviloso y pensativo;
otro, al pie de un roble queda inmóvil,
con la vista levantada hacia el infinito.
Alguno, junto a la fuente reclinado,
parece que escucha atento el murmullo
del agua que cae, y exhala sordamente
tristísimos suspiros.
¡Van a dejar la patria...!
Forzoso, mas supremo sacrificio.
La miseria está negra a su alrededor,
¡ay!, ¡y delante está el abismo...!

IV

«¡Ánimo, compañeros!
Toda la tierra es de los hombres.
A aquel que no vio nunca más que la propia
la ignorancia lo consume.
¡Ánimo! ¡A quien se muda Dios le ayuda!
¡Y aunque ahora nos vamos de Galicia lejos,
veréis hasta que regresemos
lo que los robles prosperan!

II

Cando niguén os mira,
vense rostros nubrados e sombrisos,
homes que erran cal sombras voltexantes
por veigas e campíos.
  Un, enriba dun cómaro
séntase caviloso e pensativo;
outro, ó pe dun carballo queda imóvil,
coa vista levantada hacia o infinito.
Algún, cabo da fonte recrinado,
parés que escoita atento o murmurío
da augua que cai, e eisala xordamente
tristísimos sospiros.
  ¡Van a deixala patria...!
Forzoso, mais supremo sacrificio.
A miseria está negra en torno deles,
¡ai!, ¡i adiante está o abismo...!

IV

  «¡Ánimo, compañeiros!
Toda a terra é dos homes.
Aquel que non veu nunca máis que a propia
a iñorancia o consome.
¡Ánimo! ¡A quen se muda Diolo axuda!
¡I anque ora vamos de Galicia lonxe,
verés desque tornemos
o que medrano os robres!

Mañana es el día grande, ¡al mar, amigos!
¡Mañana, Dios nos proteja!»
    ¡En el semblante la alegría,
en el corazón el esfuerzo,
y la campana armoniosa de la esperanza,
lejana, tocando a muerto!

V

    Este se va y aquel se va,
y todos, todos se van.
Galicia, sin hombres quedas
que te puedan trabajar.
Tienes, en cambio, huérfanos y huérfanas
y campos de soledad,
y madres que no tienen hijos
e hijos que no tienen padres.
Y tienes corazones que sufren
largas ausencias mortales,
viudas de vivos y muertos
que nadie consolará.

*   *   *

    Tejí sola mi tela,
sembré sola mi nabar,
sola voy por leña al monte,
sola la veo arder en el hogar.
Ni en la fuente ni en el prado,
así muera con el rabiar,
él no ha de venir a izarme,
él ya no me posará.

Mañán é o día grande, ¡á mar, amigos!
¡Mañán, Dios nos acoche!»
  ¡No sembrante a alegría,
no corazón o esforzo,
i a campana armoniosa da esperanza,
lonxe, tocando a morto!

V

  Éste vaise i aquél vaise,
e todos, todos se van.
Galicia, sin homes quedas
que te poidan traballar.
Tes, en cambio, orfos e orfas
e campos de soledad,
e nais que non teñen fillos
e fillos que non tén pais.
E tes corazóns que sufren
longas ausencias mortás,
viudas de vivos e mortos
que ninguén consolará.

* * *

  Tecín soia a miña tea,
sembrei soia o meu nabal,
soia vou por leña ó monte,
soia a vexo arder no lar.
Nin na fonte nin no prado,
así morra coa carrax,
el non ha de virme a erguer,
el xa non me pousará.

¡Qué tristeza! El viento suena,
canta el grillo a su compás...;
hierve el pote..., mas, mi caldo,
sola te he de cenar.
Calla, tórtola; tus arrullos
ganas de morir me dan;
calla, grillo, que si cantas,
siento negra soledad.
Mi marido se perdió,
nadie sabe dónde va...
Golondrina que surcaste
con él las olas del mar;
golondrina, vuela, vuela;
ven y dime en dónde está.

* * *

Fue la Pascua seca,
llovió en San Juan;
a Galicia el hambre
pronto llegará.

Con melancolía
miran para el mar
los que en otras tierras
tienen que buscar pan.

* * *

¡Qué tristeza! O vento soa,
canta o grilo ó seu compás...;
ferve o pote..., mais, meu caldo,
soíña te hei de cear.
Cala, rula; os teus arrulos
ganas de morrer me dan;
cala, grilo, que si cantas,
sinto negras soidás.
O meu homiño perdeuse,
ninguén sabe en ónde vai...
Anduriña que pasache
con el as ondas do mar;
anduriña, voa, voa;
vén e dime en ónde está.

* * *

    Foi a Páscoa enxoita,
choveu en San Xoán;
a Galicia a fame
logo chegará.

    Con malenconía
miran para o mar
os que noutras terras
tén que buscar pan.

* * *

No cuidaré ya los rosales
que tengo suyos, ni los palomos;
que sequen, como yo me seco,
que mueran, como yo me muero.

* * *

¡Quiero irme, quiero irme!
Para dónde, no lo sé.
Ciega mis ojos la niebla.
¿Para dónde he de coger?

No descanso con una inquietud
que no me deja vivir:
quiero y no sé lo que quiero,
que es todo igual para mí.

Quiero irme, quiero irme,
dicen algunos que a morir van;
¡ay!, quieren huir de la muerte,
¡y la muerte con ellos va!

¿POR QUÉ?

—Escucha: los alguaciles
andan recorriendo la aldea;
mas ¿cómo pagar, cómo, si uno no puede
ni siquiera pagar la renta?
Nos embargarán todo, que no tienen
esas gentes conciencia, ni tienen alma.

Non coidarei xa os rosales
que teño seus, nin os pombos;
que sequen, como eu me seco,
que morran, como eu me morro.

* * *

¡Quérome ire, quérome ire!
Para dónde, non o sei.
Cégame os ollos a brétema.
¿Para dónde hei de coller?

N'acougo cunha inquietude
que non me deixa vivir:
quero e non sei o que quero,
que é todo igual para min.

Quérome ire, quérome ire,
din algúns que a morrer van;
¡ai!, queren fuxir da morte,
¡i a morte con eles vai!

¿POR QUÉ?

—Escoitá: os algoasiles
andan correndo a aldea;
mais ¿cómo pagar, cómo, si un non pode
inda pagala renda?
Embargaránnos todo, que non teñen
esas xentes concencia, nin tén alma.

¡Pediremos por las puertas,
mis hijos de mis entrañas!

¡Mala muerte os mate
antes de aquí entrar!
De los pobres, al sentiros,
los corazones, ¡cómo laten con pesar!
—María, si no fuera
porque hay un Dios que premia y que castiga,
yo mataría a esos hombres
como mata un raposo a una gallina.

—¡Silencio! ¡No blasfemes,
que este es un valle de lágrimas...!
Mas ¿por qué a algunos les toca sufrir tanto,
y ante la vida contentos pasan?

* * *

De soledad se moría[22]
en la villa, suspirando por la aldea;
la asombraban las casas con sus muros,
y la asombraban las torres y las iglesias.

Las calles enlosadas le parecían,
sin verdor ni frescura,
cementerio donde los muertos
andaban fuera de sus tristes sepulturas.

---

[22] Una vez más, aparece una joven protagonista que languidece, en este caso de añoranza por la aldea.

¡Quedaremos por portas,
meus fillos das entrañas!

¡Mala morte vos mate
antes de que aquí entredes!
Dos probes, ó sentirvos,
os corazós, ¡cál baten tristemente!
—María, se non fora
porque hai un Dios que premia e que castiga,
eu matara eses homes
como mata un raposo a unha galiña.

—¡Silencio! ¡Non brasfemes,
que éste é un valle de lágrimas...!
Mais ¿por qué a algúns lles toca sufrir tanto,
i outros a vida antre contentos pasan?

* * *

De soidás morríase
na vila, sospirando pola aldea;
asombrábana as casas cos seus muros,
e asombrábana as torres e as igrexas.

As rúas enlousadas somellábanlle,
sin verdor nin frescura,
cimeterio onde os mortos
fora andaban das tristes sepulturas.

Y las comidas le sabían
a harina sin sal y a jaramagos,
y las pocas que tocaba,
en vez de darle aliento la iban matando.

Alguna vez llegaban hasta ella,
no sé si en ilusión si de verdad,
unos agrestes aromas
a lejana ribera y pinar.

Iba entonces a sentarse en un alto,
contemplaba los horizontes vastos,
y rompiendo en suspiros que la ahogaban,
ronca exclamaba sollozando: «¡Yo me marcho!».

¡Y se iba aprisa y sin remedio...! ¡se iba
con la tristeza mortal que la consumía!
Se iba la pobre Rosa,
pero... ¡para la otra vida!

TAN SÓLO

Los dos, de la tierra lejos
andamos y sufrimos, ¡ay de mí!
Mas tú tan sólo te acuerdas de ella,
y yo, de ella y más de ti.
Ambos errantes por el mundo andamos
y nuestras fuerzas acabando van.
Mas ¡ay!, tú en ella encontrarás descanso,
y yo tan sólo la muerte he de encontrar.

I as comidas sabíanlle
a fariña sin sal i a xaramagos,
i as poucas que tocaba,
en vez de darlle alento a iñan matando.

Algunha vez chegaban hastra ela,
non sei si en ilusión si de verdade,
uns agrestes olidos
de leixanas ribeiras e pinares.

Íñase estonces a sentar nun alto,
contempraba os estensos horizontes,
e rompendo en sospiros que a afogaban,
ronca escramaba saloucando: «¡Eu voume!».

¡E íñase apresa e sin remedio...! ¡íñase
coa tristeza mortal que a consumía!
Íñase a probe Rosa,
pero... ¡para a outra vida!

TAN SÓIO

Os dous, da terra lonxe
andamos e sufrimos, ¡ai de min!
Mais ti tan sóio te recordas dela,
i eu, dela e máis de ti.
 Ambos errantes polo mundo andamos
i as nosas forzas acabando van.
Mais ¡ai!, ti nela atoparás descanso,
i eu tan sóio na morte o hei de atopar.

En las orillas del Sar

7

Candente está la atmósfera;
explora el zorro la desierta vía;
 insalubre se torna
del limpio arroyo el agua cristalina,
 y el pino aguarda inmóvil
los besos inconstantes de la brisa.

 Imponente silencio
 agobia la campiña;
sólo el zumbido del insecto se oye
en las extensas y húmedas umbrías,
 monótono y constante
como el sordo estertor de la agonía.

Bien pudiera llamarse, en el estío,
 la hora del mediodía,
noche en que al hombre, de luchar cansado,
 más que nunca le irritan
de la materia la imponente fuerza
y del alma las ansias infinitas.

Volved, ¡oh, noches del invierno frío,
nuestras viejas amantes de otros días!
Tornad con vuestros hielos y crudezas
a refrescar la sangre enardecida
por el estío insoportable y triste...
¡Triste... lleno de pámpanos y espigas[1]!

---

[1] Apréciese el valor simbólico de esta metáfora paradójica: para Rosalía, el calor y el estío son sinónimos de tristeza, de dolor, y apa-

Frío y calor, otoño o primavera,
¿dónde..., dónde se encuentra la alegría?
Hermosas son las estaciones todas
para el mortal que en sí guarda la dicha;
mas para el alma desolada y huérfana
no hay estación risueña ni propicia.

9

—Detente un punto, pensamiento inquieto;
 la victoria te espera,
el amor y la gloria te sonríen[2].
¿Nada de esto te halaga ni encadena?
—Dejadme solo y olvidado y libre;
quiero errante vagar en las tinieblas;
 mi ilusión más querida
solo allí dulce y sin rubor me besa.

---

recen cargados de connotaciones negativas, mientras que añora el frío y el invierno, que representan para ella calor, paz, hogar... Si relacionamos estas imágenes con otros poemas anteriores, recordaremos que para ella el calor, el llano, las espigas se relacionan con aquella Castilla seca, calurosa, cruel e inhóspita que se contraponía al paisaje gallego húmedo, frío, añorado y acogedor. Pero aquí, en *En las orillas del Sar,* la autora avanza un paso más en su desesperación y en la estrofa final reconoce que para ella frío o calor son lo mismo, pues en ninguna estación, en ninguna circunstancia, se consuela su alma dolorida.

[2] Este breve poema viene a corroborar lo señalado en la nota anterior: Rosalía es ya una poeta reconocida y alabada por sus coetáneos y, sobre todo, de gran aceptación popular. Sin embargo, como aquí se afirma, amor y gloria le son indiferentes, nada alivia su espíritu atormentado que es, realmente, el elemento que vertebra la temática de todo este su último libro.

11

Del rumor cadencioso de la onda
y el viento que muge;
del incierto reflejo que alumbra
la selva o la nube;
del piar de alguna ave de paso;
del agreste ignorado perfume
que el céfiro roba
al valle o a la cumbre,
mundos hay donde encuentran asilo
las almas que al peso
del mundo sucumben.

14

LOS TRISTES

V

En cada fresco brote, en cada rosa erguida,
cien gotas de rocío brillan al sol que nace;
más él ve que son lágrimas que derraman los tristes[3]
al fecundar la tierra con su preciosa sangre.

---

[3] Si un ejército de sombras diversas ha poblado a lo largo de todos sus poemarios la lírica de Rosalía, a estas se añaden ahora una nueva raza en su universo particular: los tristes, que también vagan por el mundo y, al igual que las sombras, no son advertidos por los mortales felices, pero son legión.

Henchido está el ambiente de agradables aromas,
las aguas y los vientos cadenciosos murmuran;
más él siente que rugen con sordo clamoreo
de sofocados gritos y de amenazas mudas.

¡No hay duda! De cien astros nuevos, la luz radiante
hasta las más recónditas profundidades llega;
    mas sus hermosos rayos
jamás en torno suyo rompen la bruma espesa.

De la esperanza, ¿en dónde crece la flor ansiada?
Para él en dondequiera al retoñar se agosta,
ya bajo las escarchas del egoísmo estéril,
o ya del desengaño a la menguada sombra.

¡Y en vano el mar extenso y las vegas fecundas,
los pájaros, las flores y los frutos que siembran!
Para el desheredado, solo hay bajo del cielo
esa quietud sombría que infunde la tristeza.

VI

Cada vez huye más de los vivos,
cada vez habla más con los muertos,
y es que cuando nos rinde el cansancio
    propicio a la paz y al sueño,
    el cuerpo tiende al reposo,
    el alma tiende a lo eterno.

16

Alma que vas huyendo de ti misma,
¿qué buscas, insensata, en las demás?
Si secó en ti la fuente del consuelo[4],
secas todas las fuentes has de hallar.
¡Que hay en el cielo estrellas todavía,
y hay en la tierra flores perfumadas!
¡Sí...! Mas no son ya aquellas
que tú amaste y te amaron, desdichada.

18

Del antiguo camino a lo largo,
ya un pinar, ya una fuente aparece,
que brotando en la peña musgosa
con estrépito al valle desciende.
Y brillando del sol a los rayos
entre un mar de verdura se pierden,
dividiéndose en limpios arroyos
que dan vida a las flores silvestres
y en el Sar se confunden, el río
que cual niño que plácido duerme,
reflejando el azul de los cielos,
lento corre en la fronda a esconderse.

---

[4] Una vez más, como en una incesante cantinela que subyace bajo todos y cada uno de los poemas de *En las orillas del Sar*, el mismo sentimiento, el mismo vacío: no hay consuelo para las penas de Rosalía.

No lejos, en soto profundo de robles,
en donde el silencio sus alas extiende,
y da abrigo a los genios propicios,
a nuestras viviendas y asilos campestres,
siempre allí, cuando evoco mis sombras[5],
o las llamo, respóndenme y vienen.

19

Ya duermen en su tumba las pasiones
    el sueño de la nada;
¿es, pues, locura del doliente espíritu,
o gusano[6] que llevo en mis entrañas?
  Yo sólo sé que es un placer que duele,
que es un dolor que atormentando halaga,
llama que de la vida se alimenta,
mas sin la cual la vida se apagara.

---

[5] Es en este último poemario donde con más nitidez, sin misterios ni secretos, nos revela su relación con las sombras que desde siempre han poblado sus versos: un ejército de rémoras del pasado, de las almas de todos quienes la amaron en otro tiempo, de recuerdos, de sentimientos y relaciones que ya han fallecido y, escondidas, agazapadas entre el paisaje que la rodea o los rincones oscuros de su casa, esperan a que ella las llame para revelarse y rodearla trayéndole ecos y, con ellos, sensaciones y rémoras de tiempos y personas ya perdidos.

[6] Poema cargado de imágenes mortuorias y decadentes que nos traen reminiscencias del Romanticismo pero que la autora siempre ha utilizado como parte de su voz más personal: tumbas, gusanos...

20

Creyó que era eterno tu reino en el alma,
y creyó tu esencia, esencia inmortal;
    mas, si solo eres nube que pasa,
    ilusiones que vienen y van,
rumores del onda que rueda y que muere
y nace de nuevo y vuelve a rodar,
todo es sueño y mentira en la tierra,
    ¡no existes, verdad!

21

Ya siente que te extingues en su seno,
    llama vital, que dabas
luz a su espíritu, a su cuerpo fuerzas,
    juventud a su alma.

Ya tu calor no templará su sangre,
    por el invierno helada,
ni harás latir su corazón, ya falto
    de aliento y de esperanza.

    Mudo, ciego, insensible,
    sin goces ni tormentos,
será cual astro que apagado y solo,
perdido va por la extensión del cielo.

24

I

Unos con la calumnia le mancharon,
otros falsos amores le han mentido,
y aunque dudo si algunos le han querido,
de cierto sé que todos le olvidaron.

Solo sufrió, sin gloria ni esperanza,
cuanto puede sufrir un ser viviente;
¿por qué le preguntáis qué amores siente
y no qué odios alientan su venganza?[7]

II

Si para que se llene y se desborde
el inmenso caudal de los agravios,
quieren que nunca hasta sus labios llegue
    más que el duro y amargo
pan, que el mendigo con dolor recoge
    y ablanda con su llanto,
sucumbirá por fin, como sucumben
    los buenos y los bravos
cuando en batalla desigual les hiere
la mano del cobarde o del tirano.

---

[7] De nuevo, como en muchos de los poemas «sociales» de *Cantares gallegos* y *Follas novas*, el alma dolorida por las injusticias clama venganza, esta vez en castellano, como único alivio a sus pesares y agravios. En la segunda parte de este poema insiste en denunciar la opresión que tiraniza a su patria.

Y ellos entonces vivirán dichosos
   su victoria cantando,
como el cárabo canta en su agujero
   y la rana en su charco.
Mas en tanto ellos cantan... —¡muchedumbre
que nace y muere en los paternos campos
siempre desconocida y siempre estéril!—
triste la patria seguirá llorando,
   siempre oprimida y siempre
de la ruindad y la ignorancia pasto.

25

En su cárcel de espinos y rosas
cantan y juegan mis pobres niños[8],
hermosos seres, desde la cuna
por la desgracia ya perseguidos.

En su cárcel se duermen soñando
cuán bello es el mundo cruel que no vieron,
cuán ancha la tierra, cuán hondos los mares,
cuán grande el espacio, qué breve su huerto.

---

[8] Como en sus libros anteriores, aunque de modo más evidente, como si para desahogar su pena ya no se molestara en ocultarse entre metáforas y claves, Rosalía alude a sus niños. La preocupación de las madres desesperadas por evitar el dolor del mundo a sus hijos es también una constante en su obra, aunque suele tratarse, casi siempre, de un dolor derivado de la injusticia y la pobreza, mientras que aquí estamos más bien ante un dolor puramente espiritual o, en todo caso, mucho más abstracto: vivir es dolor, y es esa una sensación que les acompañará mientras vivan, en ningún lugar podrán librarse de ella.

Y le envidian las alas al pájaro
que traspone las cumbres y valles,
y le dicen: —¿Qué has visto allá lejos,
golondrina que cruzas los aires?

Y despiertan soñando, y dormidos
    soñando se quedan
que ya son la nube flotante que pasa
o ya son el ave ligera que vuela
tan lejos, tan lejos del nido, cual ellos
de su cárcel ir lejos quisieran.

—¡Todos parten! —exclaman—. ¡Tan solo,
tan solo nosotros nos quedamos siempre!
¿Por qué quedar, madre, por qué no llevarnos
donde hay otro cielo, otro aire, otras gentes?

Yo, en tanto, bañados mis ojos, les miro
y guardo silencio, pensando: —En la tierra
¿adónde llevaros, mis pobres cautivos,
que no hayan de ataros las mismas cadenas?
Del hombre, enemigo del hombre, no puede
libraros, mis ángeles, la égida materna.

28

I

Era la última noche,
la noche de las tristes despedidas,
y apenas si una lágrima empañaba
    sus serenas pupilas.

Como el criado que deja
al amo que le hostiga,
arreglando su hatillo, murmuraba
casi con la emoción de la alegría:

—¡Llorar! ¿Por qué? Fortuna es que podamos
abandonar nuestras humildes tierras;
el duro pan que nos negó la patria,
por más que los extraños nos maltraten,
no ha de faltarnos en la patria ajena.

Y los hijos contentos se sonríen,
y la esposa, aunque triste, se consuela
    con la firme esperanza
de que el que parte ha de volver por ella.
Pensar que han de partir, ese es el sueño
que da fuerza en su angustia a los que quedan;
cuánto en ti pueden padecer, oh patria,
¡si ya tus hijos sin dolor te dejan!

II

Como a impulsos de lenta
enfermedad, hoy cien, y cien mañana[9],
    hasta perder la cuenta,
racimo tras racimo se desgrana.

---

[9] Se reitera el tema de la emigración que deja desierta Galicia, pero aquí, a diferencia de en poemarios anteriores, no se presenta contado en primera persona por los emigrantes o sus «viudas». Es Rosalía quien clama, quien se lamenta por su ausencia o, más adelante, les pide que vuelvan.

Palomas que la zorra y el milano
a ahuyentar van, del palomar nativo
parten con el afán del fugitivo,
 y parten quizá en vano.

Pues al posar el fatigado vuelo
acaso en el confín de otra llanura,
ven agostarse el fruto que madura,
y el águila cerniéndose en el cielo.

29

¡VOLVED!

I

Bien sabe Dios que siempre me arrancan tristes
 [lágrimas
 aquellos que nos dejan,
pero aún más me lastiman y me llenan de luto
 los que a volver se niegan.

¡Partid, y Dios os guíe!..., pobres desheredados,
para quienes no hay sitio en la hostigada tierra;
partid llenos de aliento en pos de otro horizonte,
pero... volved más tarde al viejo hogar que os llama.

Jamás del extranjero el pobre cuerpo inerte,
como en la propia tierra en la ajena descansa.

35

—Te amo...: ¿por qué me odias?
Te odio...: ¿por qué me amas?
Secreto es este el más triste
y misterioso del alma.

Mas ello es verdad... ¡Verdad
dura y atormentadora!
—Me odias, porque te amo;
te amo, porque me odias.

37

Muda la luna y como siempre pálida,
mientras recorre la azulada esfera
    seguida de su séquito
    de nubes y de estrellas,
rencorosa despierta en mi memoria
yo no sé qué fantasmas y quimeras.

Y con sus dulces misteriosos rayos
derrama en mis entrañas tanta hiel,
que pienso con placer que ella, la *eterna*[10],
    ha de pasar también.

---

[10] En cursiva en el original.

39

Una sombra tristísima, indefinible y vaga
como lo incierto, siempre ante mis ojos va
tras de otra vaga sombra que sin cesar la huye,
    corriendo sin cesar.
Ignoro su destino...; mas no sé por qué temo
    al ver su ansia mortal,
que ni han de parar nunca, ni encontrarse jamás.

41

LA CANCIÓN QUE OYÓ EN SUEÑOS EL VIEJO

A la luz de esa aurora primaveral, tu pecho
vuelve a agitarse ansioso de glorias y de amor.
¡Loco...!, corre a esconderte en el asilo oscuro
donde ya no penetra la viva luz del sol.

Aquí tu sangre torna a circular activa,
y tus pasiones tornan a rejuvenecer...;
huye hacia el antro en donde aguarda resignada
por la infalible muerte la implacable vejez.

Sonrisa en labio enjuto hiela y repele a un tiempo;
flores sobre un cadáver causan al alma espanto;
ni flores, ni sonrisas, ni sol de primavera
busques cuando tu vida llegó triste a su ocaso.

42

I

Su ciega y loca fantasía corrió arrastrada por el vértigo
tal como arrastra las arenas el huracán en el desierto.

Y cual halcón que cae herido en la laguna pestilente,
cayó en el cieno de la vida, rotas las alas para siempre.

Mas aun sin alas cree o sueña que cruza el aire, los
                                                    [espacios,
y aun entre el lodo se ve limpio, cual de la nieve el
                                                    [copo blanco.

II

No maldigáis del que, ya ebrio, corre a beber con
                                            [nuevo afán;
su eterna sed es quien le lleva hacia la fuente abrasadora,
        cuanto más bebe, a beber más.

No murmuréis del que rendido ya bajo el peso de la vida
        quiere vivir y aun quiere amar;
la sed del beodo es insaciable, y la del alma lo es aún más.

III

Cuando todos los velos se han descorrido
y ya no hay nada oculto para los ojos,

ni ninguna hermosura nos causa antojos,
ni recordar sabemos que hemos querido,
aún en lo más profundo del pecho helado,
como entre las cenizas la chispa ardiente,
con sus puras sonrisas de adolescente,
vive oculto el fantasma del bien soñado.

43

En el alma llevaba un pensamiento,
una duda, un pesar,
tan grandes como el ancho firmamento,
tan hondos como el mar.

De su alma en lo más árido y profundo,
fresca brotó de súbito una rosa,
como brota una fuente en el desierto,
o un lirio entre las grietas de una roca.

44

Cuando en las nubes hay tormenta
suele también haberla en su pecho;
mas nunca hay calma en él, aun cuando
la calma reine en tierra y cielo;
porque es entonces cuando torvos
cual nunca riñen sus pensamientos.

45

Desbórdanse los ríos si engrosan su corriente
los múltiples arroyos que de los montes bajan;
y cuando de las penas el caudal abundoso
se aumenta con los males perennes y las ansias,
¿cómo contener, cómo, en el labio la queja?,
¿cómo no desbordarse la cólera en el alma?

46

Busca y anhela el sosiego...,
mas... ¿quién le sosegará?
Con lo que sueña despierto,
dormido vuelve a soñar;
que hoy como ayer, y mañana
cual hoy, en su eterno afán
de hallar el bien que ambiciona
—cuando solo encuentra el mal—
siempre a soñar condenado,
nunca puede sosegar.

48

Cuando sopla el Norte duro
y arde en el hogar el fuego,
y ellos pasan por mi puerta
flacos, desnudos y hambrientos,

el frío hiela mi espíritu,
como debe helar su cuerpo,
y mi corazón se queda
al verles ir sin consuelo,
cual ellos, opreso y triste,
desconsolado cual ellos.

Era niño y ya perdiera
la costumbre de llorar;
la miseria seca el alma
y los ojos además;
era niño y parecía
por sus hechos viejo ya.

Experiencia del mendigo,
era precoz como el mal,
implacable como el odio,
dura como la verdad.

49

De la vida entre el múltiple conjunto de los seres,
no, no busquéis la imagen de la eterna belleza,
ni en el contento y harto seno de los placeres,
ni del dolor acerbo en la dura aspereza.

Ya es átomo impalpable o inmensidad que asombra,
aspiración celeste, revelación callada;
la comprende el espíritu y el labio no la nombra,
y en sus hondos abismos la mente se anonada.

50

II

De polvo y fango nacidos,
fango y polvo nos tornamos:
¿por qué, pues, tanto luchamos
si hemos de caer vencidos?

Cuando esto piensa humilde y temerosa,
 como tiembla la rosa
 del viento al soplo airado,
tiembla y busca el rincón más ignorado
para morir en paz si no dichosa.

IV

Y como todo al cabo
tarde o temprano en este mundo pasa,
lo que al principio eterno parecía,
 dio término a la larga.

¿Le mataron acaso, o es que se ha muerto
de suyo aquello que quedara aún vivo?
Imposible es saberlo, como nadie
 sabe al quedar dormido,
en qué momento ha aprisionado el sueño
 sus despiertos sentidos.

52

Todas las campanas[11] con eco pausado
doblaron a muerto:
las de la basílica, las de las iglesias,
las de los conventos.
Desde el alba hasta entrada la noche
no cesó el funeral clamoreo.
¡Qué pompa! ¡Qué lujo!
¡Qué fausto! ¡Qué entierro!

Pero no hubo ni adioses ni lágrimas
ni suspiros en torno del féretro...
¡Grandes voces sí que hubo! Y cantáronle,
cuando le enterraron, un *réquiem*[12] soberbio.

53

Siente unas lástimas,
pero qué lastimas!
Y tan extrañas y hondas ternuras...,
¡pero qué extrañas!

Llora a mares por ellos,
les viste la mortaja
y les hace las honras...
después de que los mata.

---

[11] Como no podía ser de otro modo, también en este poemario aparecen las campanas como elemento simbólico. Aquí, se trata de campanas que tocan a muerto.

[12] En cursiva en el original.

57

I

En los ecos del órgano o en el rumor del viento,
en el fulgor de un astro o en la gota de lluvia,
te adivinaba en todo y en todo te buscaba,
    sin encontrarte nunca.

Quizá después te ha hallado, te ha hallado y te ha
                                [perdido
otra vez, de la vida en la batalla ruda,
ya que sigue buscándote y te adivina en todo,
    sin encontrarte nunca.

Pero sabe que existes y no eres vano sueño,
hermosura sin nombre, pero perfecta y única;
por eso vive triste, porque te busca siempre
    sin encontrarte nunca.

59

Dicen que no hablan las plantas, ni las fuentes, ni los
                                [pájaros,
ni el onda con sus rumores, ni con su brillo los astros:
lo dicen, pero no es cierto, pues siempre cuando yo paso
de mí murmuran y exclaman: —Ahí va la loca, soñando
con la eterna primavera de la vida y de los campos,
y ya bien pronto, bien pronto, tendrá los cabellos canos,
y ve temblando, aterida, que cubre la escarcha el prado.

—Hay canas en mi cabeza, hay en los prados escarcha;
mas yo prosigo soñando, pobre, incurable sonámbula,
con la eterna primavera de la vida que se apaga
y la perenne frescura de los campos y las almas,
aunque los unos se agostan y aunque las otras se abrasan.

Astros y fuentes y flores, no murmuréis de mis sueños;
sin ellos, ¿cómo admiraros, ni cómo vivir sin ellos?

62

Del mar azul las transparentes olas[13]
mientras blandas murmuran
sobre la arena, hasta mis pies rodando,
tentadoras me besan y me buscan.

Inquietas lamen de mi planta el borde,
lánzanme airosas su nevada espuma,
y pienso que me llaman, que me atraen
hacia sus salas húmedas.

---

[13] Obsérvense las similitudes de este poema con otro perteneciente a *Follas novas,* «Co seu xordo e constante mormorío» (págs. 186-187), en ambos aparece el mar —aquí las olas— como elemento perturbador, que llama a la protagonista, atormentada y triste, la atrae para acabar con su vida y sus males. En ninguno de los dos poemas, sin embargo, llega a consumarse el suicido. Sí en un tercero, «Soia» (págs. 202-203) que, a diferencia de estos dos, está escrito no en primera, sino en tercera persona.

Mas cuando ansiosa quiero
seguirlas por la líquida llanura,
se hunde mi pie en la linfa transparente
y ellas de mí se burlan.

Y huyen abandonándome en la playa
a la terrena, inacabable lucha,
como en las tristes playas de la vida
me abandonó inconstante la fortuna.

64

I

Los que a través de sus lágrimas,
sin esfuerzo ni violencia,
abren paso en el alma afligida
al nuevo placer que llega;

Los que tras de las fatigas
de una existencia azarosa,
al dar término al rudo combate
cogen larga cosecha de gloria;

Y, en fin, todos los dichosos,
cuyo reino es de este mundo,
y dudando o creyendo en el otro
de la tierra se llevan los frutos;

¡Con qué tedio oyen el grito
del que en vano ha querido y no pudo
arrojar de sus hombros la carga
   pesada del infortunio!

—Cada cual en silencio devore
   sus penas y sus afanes
—dicen—, que es de animosos y fuertes
el callar, y es la queja cobarde.

   No el lúgubre vaticinio
que el espíritu turba y sorprende,
ni el inútil y eterno lamento
importuno en los aires resuene.

¡Poeta!, en fáciles versos,
y con estro que alienta los ánimos,
      ven a hablarnos de esperanzas,
      pero no de desengaños.

65

   Mientras el hielo las cubre
con sus hilos brillantes de plata,
todas las plantas están ateridas,
      ateridas como mi alma.

   Esos hielos para ellas
son promesa de flores tempranas,
son para mí silenciosos obreros

que están tejiéndome la mortaja.
68

Son los corazones de algunas criaturas
como los caminos muy transitados,
donde las pisadas de los que ahora llegan,
borran las pisadas de los que pasaron:
no será posible que dejéis en ellos,
de vuestro cariño, recuerdo ni rastro.

70

Vosotros que del cielo que forjasteis
vivís como Narciso enamorados,
no lograréis cambiar de la criatura
en su esencia, la misma eternamente,
    los instintos innatos.

No borraréis jamás del alma humana
el orgullo de raza, el amor patrio,
la vanidad del propio valimiento,
ni el orgullo del ser que se resiste
a perder de su ser un solo átomo.

78

«Los muertos van deprisa»,
    el poeta lo ha dicho;
van tan deprisa, que sus sombras pálidas

se pierden del olvido en los abismos
con mayor rapidez que la centella
se pierde en los espacios infinitos.

«Los muertos van deprisa»; mas yo creo
que aun mucho más deprisa van los vivos.
¡Los vivos!, que con ansia abrasadora,
    cuando apenas vivieron
un instante de gloria, un solo día
de júbilo, y mucho antes de haber muerto,
unos a otros sin piedad se entierran
    para heredarse presto.

82

LAS CAMPANAS

Yo las amo, yo las oigo
cual oigo el rumor del viento,
el murmurar de la fuente
o el balido del cordero.

Como los pájaros, ellas,
tan pronto asoma en los cielos
el primer rayo del alba,
le saludan con sus ecos.

Y en sus notas, que van repitiéndose
por los llanos y los cerros,
hay algo de candoroso,

de apacible y de halagüeño.
   Si por siempre enmudecieran,
¡qué tristeza en el aire y el cielo!,
¡qué silencio en las iglesias!,
¡qué extrañeza entre los muertos!

84

   Ansia que ardiente crece,
vertiginoso vuelo
tras de algo que nos llama
con murmurar incierto,
sorpresas celestiales,
   dichas que nos asombran:
así cuando buscamos lo escondido,
así comienzan del amor las horas.

   Inaplacable angustia,
hondo dolor del alma,
recuerdo que no muere,
deseo que no acaba,
vigilia de la noche,
torpe sueño del día,
es lo que queda del placer gustado,
es el fruto podrido de la vida.

98

Glorias hay que deslumbran, cual deslumbra
el vivo resplandor de los relámpagos,
y que como él se apagan en la sombra,
sin dejar de su luz huella ni rastro.

Yo prefiero a ese brillo de un instante,
la triste soledad donde batallo,
y donde nunca a perturbar mi espíritu
llega el vano rumor de los aplausos.

102

No va solo el que llora,
no os sequéis, ¡por piedad!, lágrimas mías;
basta un pesar del alma;
jamás, jamás le bastará una dicha.

Juguete del Destino, arista humilde,
rodé triste y perdida;
pero conmigo lo llevaba todo:
llevaba mi dolor por compañía.

105

Cayendo van los bravos combatientes

y más se aclaran cada vez las filas.
    No lloréis, sin embargo;
en el vacío que los muertos dejan,
otros vendrán a proseguir la liza.

    ¡Vendrán!... Mas presto del vampiro odioso
        destruid las guaridas,
si no queréis que los guerreros vuelvan
tristes y oscuros a morir sin gloria
antes de ver la patria redimida.

108

Hora tras hora, día tras día,
entre el cielo y la tierra que quedan
        eternos vigías,
como torrente que se despeña
        pasa la vida.

Devolvedle a la flor su perfume
    después de marchita;
de las ondas que besan la playa
y que una tras otra besándola expiran
recoged los rumores, las quejas,
y en planchas de bronce grabad su armonía.

Tiempos que fueron, llantos y risas,
negros tormentos, dulces mentiras,
¡ay!, ¿en dónde su rastro dejaron,
    en dónde, alma mía?